中国民办高等教育
发展模式转型研究

查明辉　著

南开大学出版社
天　津

图书在版编目(CIP)数据

中国民办高等教育发展模式转型研究 / 查明辉著.
—天津：南开大学出版社，2014.12
ISBN 978-7-310-04743-7

Ⅰ.①中… Ⅱ.①查… Ⅲ.①民办高校－发展模式－研究－中国 Ⅳ.①G648.7

中国版本图书馆 CIP 数据核字(2014)第 311629 号

南开大学出版社出版发行
出版人:孙克强
地址:天津市南开区卫津路 94 号 邮政编码:300071
营销部电话:(022)23508339 23500755
营销部传真:(022)23508542 邮购部电话:(022)23502200

*

北京楠海印刷厂印刷
全国各地新华书店经销

*

2014 年 12 月第 1 版 2014 年 12 月第 1 次印刷
210×148 毫米 32 开本 7.125 印张 2 插页 200 千字
定价:22.00 元

如遇图书印装质量问题,请与本社营销部联系调换,电话:(022)23507125

目 录

序

为了我国新时期的高等教育发展

随着工业和科技的发展，教育对经济和社会发展的作用越来越大。在当今社会中，高等教育既是社会发展的需要，同时也是个人自身的需要。从社会的层面看，各个国家都必须通过大力发展高等教育事业而增大全社会的人力资本，以获得国际经济竞争的优势；从个人层面上看，每个人也都需要通过良好的高等教育而提升自己的文化技术素质，以便提高在劳动力市场中的竞争能力。为此，在当代社会中，高等教育的普及率越来越高，人们受教育的时间也越来越长，所受教育的层级也越来越高。然而，当代社会中高等教育活动逐渐并愈发成为一个高成本、高投入，并且具有复杂组织体系的大规模活动。随之而来的问题是，在当代社会中，谁应该承担高等教育活动的主体责任，这是摆在各国政府、学校和社会面前的一个重要问题。

在各国教育史上，民间教育活动都发挥了重要的作用，或者是按照商业化的方式提供教育服务，或者是由一些组织或个人提供慈善性的教育服务。但是工业化社会以来，高等教育发展迅速，国家对高等教育事业的介入也越来越多，尤其是在二战以后的欧洲福利国家时期和我国计划经济时代，高等教育在很大程度上由国家全面负责。在当代社会中，通过国家的力量来促进高等教育的发展，已成为各国普遍的实践模式。当代社会中国家之所以要介入高等教育事业，一方面是因为接受高等教育已逐渐成为公民的基本权利，而由国家来提供教育服务的基本目标是为了促进高等教育的普及，实现高等教育机会的公平分配，以保证保障公民受教育的基本权利；另一方面也是因为高等教育对一个国家的经济与社会发展具有越来越重要的作用。

应该看到，由国家负责的模式极大地推动了各国高等教育事业的发展，大大提高了高等教育的普及率，在不同程度上满足了公民接受高等教育的需要。但是，随着教育成本的提高，尤其是高等教育成本的提高，完全由国家负责教育的体制也使很多国家背负了很沉重的财政负担。为此，从20世纪80年代以来，许多国家都在探索在高等教育中引入非政府资源，由政府和民间共同投入高等教育事业的新路子。

在我国历史上，私学和官学交替发展，民间教育活动曾在我国教育史上发挥了相当重要的作用。近代高等教育建立以后，也是“公立”和“私立”并存的格局。但在建国以后的计划经济时代，我国高等教育是基本上由国家负责的国办高等教育体制，国家不仅负责高等教育的规划以及高等教育机构的设立和管理，而且全面负责高等教育所需要的经费。然而，当时我国纯粹的公办高等教育体制是以高等教育覆盖面狭小为代价的，虽然当时上大学都不用付费，但只有很少的幸运者能够上大学。

改革开放以后，我国开始探索高等教育体制改革，其中之一就是探索放开民办高等教育，使民办高等教育成为促进我国高等教育事业发展的又一条路子。但是在改革的初期阶段没有很好地解决民办高等教育运行机制的问题，即应该由谁、以何种方式为民办高等教育付费的问题。从20世纪末大学扩招以后，年轻的一代进入公办大学的机会越来越多，相比之下，以较高收费为基础的民办高等教育的“市场”也就越来越狭小了，并且，在入学机会大大提高以后，人们对高等教育教学质量的要求越来越高。而由于难以获得足够的国家教育经费的支持，许多民办高等教育机构在以质量为基础的竞争中陷入了困境。

当前，我国的高等教育已进入全球竞争的时代。一方面，我国的高等教育要负担起为我国培养具有全球竞争能力的人才的责任，另一方面，中国的高等教育机构本身也正处于全球竞争之中。一所大学要获得竞争能力，得到学生的青睐，一是要有较高的教学科研质量，二是要有相对较低的价格。而我国的高等教育要实现跨越式的发展，迅速在总体上提高国际竞争能力，需要政府实行更加有效的教育政策，以及政府和民间对高等教育更多的投入。

应该看到,近年来中央和地方政府对高等教育的投入已明显增加,但相对于我国高等教育的目标来说,现有的投入还很不够。同时,更重要的一点是,目前的高等教育投入结构还存在不合理之处。我们花了很多的公共资源去支持少数"尖子学校",但相对忽略了数量更为众多的一般学校的质量提高。这种政策有可能扶持起几所"尖子高校"进入"世界一流大学"的名录,但其代价却可能是更多得多的学校长期难以提高其水平,其结果,在进不了国内"尖子高校"的学生中,越来越多的人宁愿以很高的代价去国外读大学,也不愿选择国内的普通高校。这种情况说明,我国对高等教育的公共投入方式尽管有助于快速提高少数"尖子高校"的国际竞争能力,但与此同时却拱手让出了我国更大一块"高等教育市场"。

在教育全球化的进程中,我国的民办高等教育,不管其愿意不愿意,都必然被卷入国际高等教育竞争中。我国的民办高等教育在全球教育竞争中能否取得成功,既取决于民办高等教育机构自身的努力,也取决于政府在民办高等教育方面的政策发展。未来我国高等教育的发展是采用政府与民间合作的"两条腿"策略,还是走完全由政府负责的"一条腿"道路?民办高等教育机构采用何种机制去创造新的发展机会,以真正成为能够与公办高等教育协调并行的"另一条腿"?政府应该采用何种高等教育政策,将民办高等教育的巨大潜力转化为现实的优质高等教育资源,并将其整合进我国高等教育发展和国家人力资本建设的总体规划中,从而既能够促进我国从劳动力资源大国向人力资本大国的转变,又能满足我国民众日益增长的高等教育需要?这些都是摆在我国各级政府和民办高等教育机构面前的重大现实问题,也是值得相关学科研究者们为之而付出努力的重要课题。

教育政策是当今各国重要的社会政策,面对我国民办高等教育发展中的许多问题时也应该从社会政策的角度去加以研究。然而,迄今为止我国对民办高等教育发展的研究还很不够,尤其是从社会政策角度的研究还很薄弱。因此,查明辉博士在此领域的研究具有一定的开拓性。查明辉博士曾有在民办高校工作的经历,在其攻读博士学位期间又系统地学习和研究了有关社会政策的理论。他以很强的价值取向和强烈的社会责任感而选择了这一较为复杂的研究课题，从社会政策的角度去研究我国民办高等教育发展中的重要问题。在这本专著中，他比较深入地分析了我国民办高等教育发展中存在的一些问题，提出了自己对发展我国民办高等教育的观点和政策思路。尤其是他借鉴国际上社会企业发展的理论与实践，提出了将我国民办高等教育从现有的市场化发展模式转化为社会企业化发展模式的建议，对我国高等教育政策的理论和实践都具有参考价值。作为一名年轻学者，查明辉博士对此问题的研究还刚刚开始。虽然他的理论分析还不够精深，研究结论也还显得不够系统，但是我相信，只要坚持下去，他肯定能够为读者们奉献出更多更好的研究作品。

关信平

2011 年 11 月 12 日

第一章 导论

第一节 选题的缘起及研究目的与意义

一、选题的缘起

自1978年湖南中山进修大学(原中山业余大学)成立至今,中国民办高等教育[①]已有36年历史,民办高等教育也已有长足发展。但是,民办高等教育的已有成绩,并未改变它仍处于我国高等教育边缘位置的现实,尤其是1999年高校大规模扩招并举办独立学院,中国民办高等教育开始进入调整阶段,主要表现在以下方面:

第一,近年来民办高等教育发展缓慢,有些方面甚至倒退。

从2003年到2012年,虽然民办高校由173所增加到404所,民办高校在校生由81万人增长到254.78万人,但与独立学院相比,民办高等教育发展缓慢。比民办高等教育晚出现20余年、1999年才兴起的独立学院到2012年已达303所,独立学院的在校生增速更快,2012年达278.40万,尤其是独立学院在校生主体为本科生,而民办高校的为专科生。2012年,民办高校本科在校生62.83万人,仅占当年民办高校在校生的24.66%;而独立学院本科生为262.15万人,占当年独立学院在校生的94.16%。如果把民办高等教育的发展状况与公办高等

① 本书的民办高校主要是指具有独立颁发学历资格的民办高校,有时也涉及其他民办高等教育机构,但不包括独立学院。

教育比较，更不能相提并论。仅以专科为例，2005 年，民办高校专科在校生数为 94.76 万人，占全国专科在校生总数的 22.24%，2012 年，尽管民办高校专科在校生数增长为 175.69 万人，但是，占全国专科在校生总数的比重不但没有增长，反而下降到 18.22%。①

第二，较多民办高校被合并、撤销。

1996 年 5 月 18 日，全国民办高等教育委员会在北京钓鱼台国宾馆召开了第二次会员大会，仅六年后，当年参加会议的四百多所民办高校只剩下 40 所，黑龙江省当年参会的 14 所院校仅幸存齐齐哈尔职业学院一所。② 对民办教育网和全国民办高教委 2001 年发布的一份总数为 1134 家的全国民办教育机构名单的跟踪调查表明，已有超过半数的学校停办或无法查询，有超过一成的学校被兼并，能基本正常运行的学校不足总数的四成。③ 2003 年，中国民办院校的数量比 2002 年减少了一百多所。④ 2005 年 4 月，据江西省教育部门统计，全省各地已有 6 所民办学校没有学生，9 所民办学校学生不到 100 人，7 所民办学校学生不到 300 人，22 所民办高等教育机构的办学资格面临取消。⑤ 再看陕西民办教育，从 1984 年的第一所学校开始至今，平均办学年限只有 9.7 年，而且最近几年一些机构不断被合并、撤销。1991 年以前，陕西批准成立民办高等教育机构 17 所，合并、注销 5 所；1992～1996 年，批准成立 101 所，合并、注销 5 所；1997～1999 年，批准成立 34 所，合并、注销 33 所；2000～2002 年，批准成立 10 所，合并、注销 31 所。⑥ 相比之下，公办高校被撤销则罕有所闻。

第三，近年来民间资金投入高等教育的持续性开始发生扭转。

① 资料来源：《2003～2012 年全国教育事业发展统计公报》与国家统计局和教育部网站统计数据.

② 曹勇安，王明儒，宋庆永. 民办高校产权制度改革的实践与思考. 浙江树人大学学报，2006(6).

③ 忧思民办教育的“生死时速”. 中国西部科技，2004(3).

④ 郭新文，王睿. 一年内百所民校“消失”. 扬子晚报，2004-11-1.

⑤ 皓琳. 江西省 22 所民办高校生源吃紧面临“出局”. 信息日报，2005-4-30.

⑥ 郝瑜，王冠. 论陕西民办高等教育的缘起与发展. 高等教育研究，2004(1).

社会团体、公民个人办学投入由2001年占总收入18.64%，下降到2007年10.10%，绝对数由2005年的68.01亿元下降到2007年的55.45亿元，比上年的增长率由2005年的36.79%变成2006年的－13.66%，2007年继续负增长5.57个百分点。其中，社会团体、公民个人投入高等学校的办学经费，由2005年的30.85亿元，下降到20.20亿元，2007年进一步下降到18.83亿元。同时，社会团体、公民个人投入高等学校的办学经费占当年高等学校收入总数的比重，由2005年最高峰的23.56%，骤减到2006年的11.13%，2007年进一步下降到8.04%；比上年的增长率，2005年为164.81%，2006年则变为－34.52%，2007年继续负增长6.88%。[①] 到2011年，似乎民间资金投入高等教育回升到26.96亿元，实际上，剔除本科层次的（多数属独立学院举办者的投入），只有14.57亿元，仅为2005年的21.42%。多数民办高校举办者投资办学热情大大下降，基本属维持办学的状况。

第四，尤其值得关注的是，在2003年《民办教育促进法》和2004年《民办教育促进法实施条例》开始施行的大好形势下，2006年，民办高校中竟然相继爆发了前所未有的群体性事件，即2006年10月20日的江西服装学院事件、2006年10月23日的江西赣江学院事件和2006年12月17日的江西城市学院事件，尤其是江西服装学院事件和赣江学院事件影响非常大，各校损失都超千万元。[②]

另外，从最近几年全国的整体情况看，民办非学历高等教育机构2005年是1077所，注册学生109.15万人，到2012年减少到823所，注册学生减少到82.82万人。[③] 可见，民办非学历高等教育发展状况也不乐观。

综上可见，目前中国民办高等教育发展面临危机，生存状况仍然非常严峻。鉴于此，本书将着重研究中国民办高等教育发展模式转型问

---

① 资料来源：教育部财务司、国家统计局人口和社会科技统计司编：《中国教育经费统计年鉴》(2001～2011年)。

② 这三所高校都是具有独立颁发学历资格的民办高校。

③ 资料来源：《2005－2012年全国教育事业发展统计公报》。

题，具体包括：目前中国民办高等教育主导发展模式是什么，目前的发展模式是如何形成的，目前的发展模式到底面临着什么挑战，这种发展模式是否能够实现中国民办高等教育的可持续发展，中国民办高等教育未来发展模式的方向在哪里，中国民办高等教育的理想发展模式运行需要什么样的政策环境等等。

二、研究目的与意义

（一）研究目的

本研究属应用性研究，希望达到此目的，即通过对目前中国民办高等教育主导发展模式，即市场化发展模式的研究，结合当前我国的国情，同时借鉴私立高等教育高度发达的美国的经验，提出中国民办高等教育要实现可持续发展，当前的主导发展模式应当转向社会企业化发展模式，以供国家教育决策部门、民办高校举办者及研究同行参考。

（二）研究意义

对民办高等教育发展模式问题进行研究，不论是对于国家，还是对于民办高校等，都具有重要的理论意义与实践意义。

首先，理论意义方面有：目前民办高等教育处于边缘位置，正处调整过程中，一个重要的原因在于对民办高等教育的理论研究不够。对民办高等教育发展模式进行研究，有助于丰富与发展民办高等教育理论，对于实现民办高等教育可持续发展具有重要的理论指导意义。

其次，实践意义主要有如下方面：

一是有助于人们认识目前民办高校的现实情况，增加对民办高等教育的了解。目前很多人对于民办高校的现实情况并不是很清楚，甚至过于表面，甚至有时候凡是提及民办高校就认为是招生骗钱或是扰乱高等教育秩序；另有些人则对民办高校寄予厚望，认为我国培养技能型人才应当主要依靠民办高校等等。本研究通过调查研究和实地研究，有利于我们了解民办高校的一些真实情况。

二是有助于民办高校举办者认清客观形势，把握正确的发展方向，科学合理地制定学校发展的长远规划。

三是有助于国家决策部门制定比较科学合理的教育政策。目前规范民办高校办学的政策法规越来越多，但在实践中有些总不能很好地得到贯彻执行。本研究有助于解释当前民办高等教育政策执行过程中出现的一些政策扭曲与偏差，探究其客观原因，从而制定出促进民办高等教育发展的比较科学合理的战略与政策，减少由于政策失误而导致的民办高等教育发展偏差，增进广大农村弱势群体的高等教育福利。

四是有助于民办高校提升教育教学质量，增强与公办高校的竞争能力，促进互相竞争、互相借鉴、互相补充，最终形成公办高等教育与民办高等教育共同发展的良好格局。

第二节 相关研究综述

一、关于民办高等教育的必要性与功能

魏贻通是国内对发展民办高等教育的作用的较早关注者之一。[①] 郝南明、赵文献认为民办学校在我国教育发展中的作用在于：(1)民办学校是改革开放的必然产物；(2)民办学校有利于繁荣社会主义教育事业；(3)民办学校有利于打破政府包揽办学的格局，推动我国办学体制的改革；(4)民办学校有利于缓解政府教育经费压力，减轻社会就业负担；(5)民办学校有利于满足社会对教育的多方面需求。[②] 刘莉莉从高等教育的发展历程、私立高校扮演的角色、社会需求和经济发展的现实等方面论述了当前我国发展民办高等教育的重要意义。[③] 谢毅敏认为，我国发展民办高等教育的意义在于：(1)有利于满足人民日益增长的高等教育需求；(2)有利于鼓励社会各方面力量集资办学；(3)有利于优化高等教育资源；(4)有利于深化高等教育体制改革；(5)有利于实现高等教育大众化；(6)有利于促进经济增长。[④] 冯军认为发展民办高等

① 魏贻通．论民办高等教育的地位与作用．高等教育研究，1989(2)．

② 郝南明，赵文献．略论民办学校在我国教育发展中的作用．云南高教研究，1994(4)．

③ 刘莉莉．发展民办高等教育的意义与思路．高等教育研究，1999(3)．

④ 谢毅敏．略论我国发展民办高等教育的意义．黑龙江高教研究，2000(5)．

教育的现实意义是:(1)有助于缓和普通高等教育供求失衡矛盾,扩大高等教育机会均等,满足我国广大人民群众日益增长的高等教育需求;(2)有益于我国高等教育结构的调整和优化,有利于提高管理效率和办学效益;(3)能够较大幅度地提高我国高等教育毛入学率,推动我国高等教育大众化的进程,为素质教育的实施创造条件;(4)可促进人们办学观念和消费观念的转变,有利于扩大消费。① 此外,胡大白等论述了发展民办高等教育对高等教育大众化的作用。②

二、关于民办高等教育发展模式

有的是从地域角度来研究民办高等教育的发展模式。比如,宫丽艳总结各种观点后认为,90 年代较有代表性的有:上海模式、温州模式、广东模式、天津模式。③ 不过,从现在来看,这几种模式成功的很少。

有的是从民办高校资金投入和学校运作方式出发来研究民办高等教育的发展模式。比如,华东师范大学刘莉莉的博士后研究报告《中国民办高等教育发展模式研究》(2002 年)中,将中国民办高等教育分为六种主要模式,即以学养学的滚动发展模式、以产养学的注入发展模式、国有高校改制运作模式、民办二级学院的附属运行模式、资本联合的教育股份制以及教育集团的连锁经营模式,并进行了比较系统综合性的分析。该研究剖析较深,引人思考,不过,这种研究取向透露出,在目前占主导地位的民办高等教育发展模式下,相当多的举办者是把民办高校当作企业来经营的。

有的则是从私立高等教育与公立高等教育的比重出发进行研究。比如,潘东明认为,世界私立高等教育发展模式主要有三种:一是私立主体型;二是私立从属型;三是公私平衡型。④ 与此相似,美国耶鲁大

---

① 冯军.试论民办高等教育及其现实意义.高等农业教育,2000(12).

② 胡大白.民办高校在中国高等教育大众化进程中的作用.黄河科技大学学报,2004(4).

③ 宫丽艳.探索多元民办教育模式 促进民办教育健康发展——全国民办教育学术研讨会综述.教育科学,1997(4).

④ 潘东明.世界私立高等教育发展模式与我国民办高校的发展.教育导刊,2001 第 15,16 期。

学教授 Rogger L. Geiger 根据国外私立高等教育在本国整个高等教育发展进程中的史实，也将私立高等教育的发展模式归纳为三种类型：一是普及型；二是双轨型；三是补充型。[①] 事实上，这种划分只是民办(私立)高等教育发展结果的反映。

有的是从学生的来源和毕业去向来进行研究。比如，饶爱京、邱琳把我国民办高等教育发展模式分为"自给自足"型模式、"自给外销"型、"来料加工"型、"外给自销"型。[②] 这种模式划分，反映了民办高等教育的某些特征，但是把学生类比于商品，多少有些不妥。

三、关于民办高等教育发展面临的问题

首先，进行综合性论述的研究较多，主要有：

朱健、康玉堂认为，民办高等教育在发展过程中存在政府扶植不足、引导不够、资助政策未落实、自身定位不准和收费单一等突出问题。[③]

胡鸿雁论述了当前我国民办教育的问题：公平问题、管理问题、师资问题、经费问题、质量问题。[④]

杨顺勇、侯文永认为，我国民办高等教育面临的主要危机有：教育观念的危机，经费不足的危机，教师队伍的危机，办学层次低、生源差的危机。[⑤]

潘懋元、姚加惠认为民办高等教育发展的困境有：从外部环境看民办高等教育发展面临的困难，包括招生问题、师生待遇问题、评估问题、管理问题；从高校内部看民办高等教育成长中出现的问题，包括生源问题、师资问题、资金问题、质量问题、办学思想与内部管理问题。[⑥]

其次，中国民办高等教育发展具有区域的不平衡性，对某一区域的

① 郑秋香. 我国民办高等教育现状及其发展模式探析. 江西社会科学，2003(9).
② 饶爱京，邱琳. 经济欠发达地区民办高等教育发展模式研究. 教育发展研究，2006(4).
③ 朱健，康玉堂. 民办高等教育发展的问题与对策. 职业教育研究，2006(1).
④ 胡鸿雁. 试论当前我国民办教育的贡献、问题及对策. 当代教育论坛，2006(4).
⑤ 杨顺勇，侯文永. 民办高等教育面临的挑战和抉择. 中国成人教育，2006(5).
⑥ 潘懋元，姚加惠. 民办高等教育发展的困境与前瞻. 中国高等教育，2006(8).

民办高等教育发展面临的问题进行论述，可不同程度地反映中国民办高等教育发展面临的问题。

陕西是民办高等教育大省，对其论述比较多。比如，李季的《陕西民办高等教育发展与规范研究》(陕西师范大学硕士学位论文，2003年)，回顾了陕西民办高等教育发展的简要历史，分析了陕西民办高等教育面临的困难与问题。万燕生论述了陕西民办高等教育发展存在的问题。① 此外，郝瑜②、王冠③、张丹④、王庆如⑤也对此问题进行了探讨。同样，针对另一个民办高等教育大省江西省，对之进行论述的也有一些。

四、现有研究的空白与不足

现有研究为本研究打下了较好的基础，但是也存在较多空白与不足：

第一，《民办教育促进法》及实施条例施行以来，中国民办高等教育的发展条件已经发生了巨大变化，现有研究对这种变化的敏感性把握不足，缺乏对民办高等教育最新发展现状的深入研究。目前的民办高等教育研究者大都是站在民办高校之外来研究，对其内部的一些真实情况"雾里看花"，很难有客观的认识，因而，建基于此而提出的政策建议就缺乏针对性或不切实际。事实上，外来研究者很难进入民办高校进行调查。当然也有少数在民办高校任职的教师对民办高等教育进行研究，但囿于种种限制，抑或"身在庐山"，抑或有意无意回避了一些重要问题。

第二，现有研究中，把民办高等教育放在我国经济社会发展的宏观背景中进行分析的较少，更多的是就民办高等教育问题来谈民办高等教育，因而视野比较狭窄，宏观分析不够。

---

① 万燕生. 陕西民办高等教育发展存在的问题及对策. 西北大学学报，2004(3).

② 郝瑜. 陕西民办高等教育的发展现状、问题与对策. 西北大学学报，2004(1).

③ 郝瑜，王冠. 论陕西民办高等教育的缘起与发展. 高等教育研究，2004(2).

④ 张丹. 陕西民办高校文化与可持续发展研究. 中国民营科技与经济，2005(9).

⑤ 王庆如. 陕西民办高等教育：问题、对策与展望. 民办教育研究，2009(1).

第三,到底根据什么标准来划分民办高等教育发展模式比较贴切?目前民办高等教育发展的主导模式到底概括为什么模式比较准确?这种发展模式是如何形成的?这种发展模式有什么明显特征?这种发展模式的未来前景如何?中国民办高等教育应当转向什么发展模式才是正确的?这些问题都需要深入探索。

第四,借鉴国外私立高等教育发展的经验,把它与中国民办高等教育发展模式的核心条件进行系统比较,以探索中国民办高等教育主导模式的转型方向,这也是迫切需要解决的问题。

此外,用相关理论来深入解释目前民办高等教育发展模式面临的问题,以提出具有针对性的科学合理的对策,同样需要深入研究。

第三节 研究思路、内容、方法及创新

一、研究思路

本书首先论述中国民办高等教育的必要性与功能,论证即便公办高校扩招,民办高等教育发展面临困境,但是中国大力发展民办高等教育仍很有必要,同时凸显本研究的重要意义;然后采用新的分类标准对民办高等教育发展模式进行分类;接着,论述改革开放以来,在民办高等教育恢复发展的基本机制与特殊机制决定下形成的民办高等教育的主导发展模式——市场化发展模式,并阐述市场化发展模式的特征,以使人们对民办高等教育发展模式的整体状况有一个清晰深刻的宏观把握。

其次,论述中国民办高等教育市场化发展模式面临的主要挑战,并从理论上解释当前民办高等教育发展模式面临的问题以及市场化发展模式的暗淡前景,由此提出中国民办高等教育下一步转向什么发展模式之问题。

再次,研究世界上私立高等教育最发达的国家——美国的私立高等教育发展模式特征,以从中吸取经验教训,为我国民办高等教育发展模式的转向提供借鉴参考。

最后，根据中国的现实国情和美国的经验，提出中国民办高等教育应当转向社会企业化发展模式，并论述这种发展模式的必要性、可行性、重要意义与这种发展模式运行所需的政策环境。

二、研究内容

本研究的主要内容包括以下几个方面：

第一，研究民办高等教育的必要性、功能和发展演进，具体包括：(1)发展民办高等教育的必要性；(2)民办高等教育的功能；(3)民办高等教育的发展演进历程。

第二，研究当前民办高等教育的主导发展模式，也就是市场化发展模式，具体包括：(1)民办高等教育发展模式的类型；(2)民办高等教育市场化发展模式的形成机制；(3)民办高等教育市场化发展模式的特征。

第三，研究民办高等教育市场化发展模式面临的挑战，并进行理论解释，具体包括：(1)市场化发展模式面临的挑战；(2)以组织平衡理论进行解释；(3)以社会转型理论进行解释。

第四，研究美国私立高等教育发展模式的经验借鉴，具体包括：(1)美国私立高等教育的发展演进历程；(2)美国私立高等教育发展模式的特征；(3)美国私立高等教育发展模式的启示。

第五，研究中国民办高等教育市场化发展模式的转向，即转向社会企业化发展模式，具体包括：(1)把理论视角由市场化视角转换为社会企业化视角；(2)转向社会企业化发展模式的必要性和可行性；(3)转向社会企业化发展模式的重大意义。

第六，研究社会企业化发展模式运行的政策环境，具体包括：(1)改善高等教育发展的外部环境；(2)科学规划中国各类高等教育；(3)正确干预民办高等教育的发展；(4)民办高校社会企业家努力促进组织平衡。

本书的理论框架可见图 1.1：

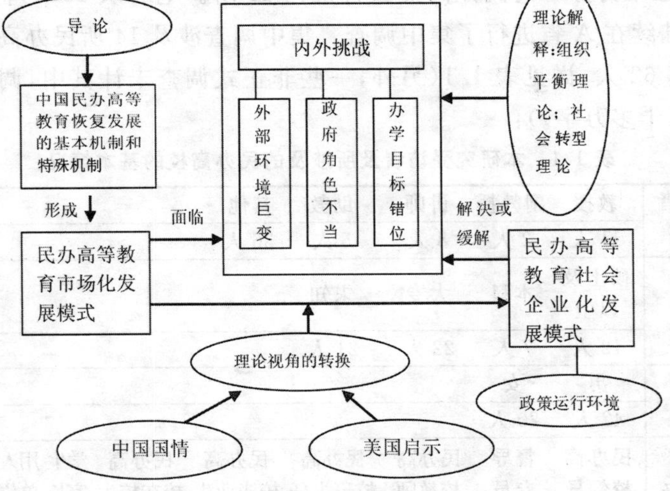

图 1.1

三、研究方法及主要资料来源

(一)文献研究法

本书广泛搜集了中国民办高等教育发展模式的相关文献,所用文献主要来自两类:第一类是来自社会学、教育学、经济学、管理学、历史学等相关专业的著作和期刊论文以及全国及地方性教育法规和笔者所收集到的民办高校内部文件等资料;第二类来自中国国家统计局网站统计数据、中国教育部网站资料、美国教育统计中心网站统计数据、民办高校网站资料。对第一类文献主要是运用内容分析与二次分析法,运用文献材料证明本书的相关论点;对第二类文献主要是运用现存统计资料分析法,运用全国性的统计数据证明本书相关论点的普适性,同时与美国的经验进行比较,为提出中国民办高等教育的正确发展模式提供借鉴意义。

(二)调查研究法

A 省具有办私立教育的悠久历史传统,截止到 2013 年,民办高等教育发展属全国中上等水平,其中具有学历教育资格的民办高校 15

所，勉强维持办学的民办高等教育机构 19 所。笔者从 2009 年 4 月到 12 月陆续在 A 省进行了集中调查。集中调查涉及 14 所民办高校的相关人员 62 人，详见表 1.1（另外，一些非正式调查未计其中，调查所得资料二十多万字。）：

表 1.1　本研究受访者及所涉及的民办高校的基本情况

受访者职称	教授	副教授	讲师	助教	其他				
	11 人	2 人	8 人	5 人	36 人				
学历	硕士及以上	本科	大专	未知					
	12 人	7 人	22 人	21 人					
性别	男	女							
	42 人	20 人							
来源及访谈次数	民办高校领导	督导专员	民办高校教师	民办高校班主任	民办高校毕业生	民办高校在校生	学生家长	用人单位	教育主管部门
	13 人	2 人	14 人	3 人	11 人	7 人	3 人	7 人	2 人
	16 次	2 次	16 次	3 次	11 次	7 次	3 次	7 次	2 次
与受访者的关系	熟人	熟人介绍	不熟						
	22 人	20 人	20 人						
访谈方式	实地访谈	电话访谈	QQ 访谈						
	29 人	28 人	5 人						
所涉及民办高校的发展状况	目前发展较好的	勉强维持的	已倒闭的						
	6 所	3 所	5 所						

（三）实地研究法

本研究运用实地研究法，主要是通过参与式观察深入民办高校内部，了解真实情况，获取第一手资料。笔者实地研究的地点主要是 A 省 DY 学院。第一，该学院创办得比较早，已有 21 年的办学历史；第二，该学院有专职兼职教工一千多名，学生有来自全国各地的一万多人，教师、学生样本都具有较好的代表性；第三，该学院已是具有学历教育资格的高等院校,不属于民办高校办得最好的,属民办高校中的中上等办学水平,对它的研究能很大程度反映A省民办高校的情况,具有较强的代表性;第四,笔者自2005年8月硕士研究生毕业到2010年6月,在该学院任教,具有实地研究的便利条件,笔者还参与了学校的招生工作,因而,对这所学校的招生、教学、管理等情况非常熟悉。

四、创新之处及不足

(一)创新之处

本书的创新之处主要有研究内容的创新和研究方法的创新。

1.研究内容的创新

第一,在以往学者对民办高等教育的各类发展模式进行描述性研究的基础上,本书首次提出中国民办高等教育发展模式转型问题,并对这一问题进行了系统性的综合研究。

第二,提出了一些新的观点,主要包括:

(1)中国民办高等教育自改革开放以来,在恢复发展的基本机制具备之后,累加其他多种机制作用,形成了一个错误的发展模式,即市场化发展模式,这是当前中国民办高等教育的主导发展模式,它在中国表现出了非常鲜明的特征。

(2)民办高等教育市场化发展模式尽管在短期内或某些条件下有一定的空间,但由于举办者办学主导思想的错误,违背了高等教育发展规律,弊病非常大,很难实现可持续发展,应当转型。

(3)《民办教育促进法》颁布以来,我国民办高校逐步形成了当前的董事会(举办者)、校长、督导专员(兼党委书记)的“三驾马车”的领导管理体制,这一领导管理体制存在比较严重的问题,并不能很好地解决民办高等教育发展中存在的一些深层次问题。

(4)美国私立高等教育自20世纪70年代以来,营利性高等教育有很大发展,但营利模式一直未占主导,美国私立高等教育并没有采取市场化发展模式,而是以社会企业化发展模式为主导,社会企业化发展模式基本实现了美国私立精英高等教育的可持续发展。

(5)中国民办高等教育目前处于主导位置的市场化发展模式应当

转型，即应当转向社会企业化发展模式，转型成功才能实现中国民办高等教育的可持续发展。这既是本人为中国民办高等教育实现可持续发展开出的“药方”，也是本书最核心的观点。

第三，根据新的分类标准来研究民办高等教育发展模式，即根据民办高校举办者的办学动机与政府在民办高等教育发展中的角色进行研究，并且建构了一条民办高等教育发展模式的连续谱。

第四，运用新的理论即组织平衡理论和社会转型理论，对民办高等教育发展面临的问题及市场化发展模式的前景进行理论解释。

2.研究方法的创新

本书从社会政策的视角，以社会学为主，综合运用了教育学、历史学、经济学、管理学等多学科的研究方法，探索民办高等教育发展模式转型问题，避免从社会学或教育学等单一学科的角度进行研究。

(二)研究不足

首先，由于缺乏经费、时间有限等限制，笔者的调查范围主要限于A省，所以，对于整个中国民办高等教育来说，本研究的普适性可能会受影响。

其次，本书研究的国外经验借鉴主要是指向私立高等教育发达的美国，而对于其他国家，尤其是发展中国家的私立高等教育关照不足，需要后续研究拓展。

第二章　民办高等教育的必要性、功能与发展演进

中国民办高等教育发展中断近三十年，1978 年又开始恢复。这是适应中国经济社会变化的需要，取决于民办高等教育所能承担的功能。截止到 2013 年，中国民办高等教育已经历了三个发展阶段。

第一节　民办高等教育的必要性

民办高等教育的必要性，是指民办高等教育系统相对于其他系统而言的必不可少的特性。

尽管 1999 年公办高校开始了大规模扩招的步伐，但中国民办高等教育仍然有必要大力发展，其首要的原因就在于当前我国的经济转型。

目前我国经济赖以高速增长的粗放型经济发展方式越来越难以为继。

一是我国现有资源越来越难以满足粗放型经济发展。2005 年，我国人均耕地 1.50 亩，仅为世界平均的 46%；人均森林面积为 1.9 亩，仅为世界人均占有量的 1/5；人均淡水资源量为 2200 立方米，仅为世界人均占有量的 1/4，而且分布很不均衡。我国重要矿产资源储备不足，对经济发展构成严重制约，①截止到 2012 年，我国石油对外依存度

① 林存友.资源环境约束与中国经济增长方式转变.生态经济，2008(11).

已高达57.8%,铁矿石对外依存度达58.7%。[①]

二是粗放型经济发展方式导致我国环境污染日益严重,生态环境不断恶化。在二氧化碳排放方面,2007年,中国二氧化碳排放量占世界的比重为21.32%,已超过了美国。[②] 早在2003年底,我国流经城市的河段90%受到严重污染,75%的湖泊出现富营养化;全国近1/3的城市人口生活在严重污染的空气环境中,酸雨区约占国土面积的1/3;全国城市垃圾年清运量1.49亿吨,进行无害化处理的仅有一半;工业危险物处置率仅为32%。国家生态环境不断恶化,沙化土地面积以每年3436平方千米的速度增加;森林数量增长,质量下降,天然林不足10%;全国90%以上的天然草原出现退化,每年还在以200万公顷的速度增加;流域生态功能严重失调;地下水超采严重,华北平原出现大面积的地下漏斗,面积达7万平方千米,引起地面沉降等一系列生态危机;2003年沿海赤潮发生次数比20世纪80年代增加了3倍;有10%～15%的高等植物物种处于濒危状态;物种资源流失严重。[③] 尽管近年来国家加大了环境治理力度,但粗放型经济发展方式导致的生态环境恶化没有根本好转,乃至近年出现了罕见的、覆盖我国将近一半国土的雾霾天气。[④]

三是粗放型经济发展方式效益低下。尽管资源紧缺日益严重,但我国的能源利用效率极低。2003年,中国每万美元GDP所消耗的资源中,石油是美国的4.05倍、日本的7.26倍、德国的6.16倍、韩国的2.43倍;水是美国的8.63倍、日本的17.67倍、德国的19.53倍、韩国的9.51倍;钢板是美国的17.86倍、日本的9.61倍、德国的11.70倍、韩国的2.17倍;水泥是美国的58.21倍、日本的30.54倍、德国的45.95倍、韩国的5.93倍;有色金属是美国的8.36倍、日本的8.36倍、

① 资源来源:《中国矿产资源报告(2013)》。
② 资料来源:国家统计局网 http://www.stats.gov.cn,作者为张遥等。
③ 林存友.资源环境约束与中国经济增长方式转变.生态经济,2008(11).
④ 内地近一周100多座大中城市出现重雾霾.新华网,2013-12-08.

德国的4.93倍、韩国的1.78倍。[①] 2010年,中国的钢、煤、水泥、发电量、化肥、棉布的产量都占世界第一,原油产量占世界第四。2009年,中国的劳动力人口占世界的24.76%,劳动参与率高于世界平均的64.7%,为73.7%,但2010年创造的国内生产总值仅占全世界的9.32%。[②]

四是过度依赖出口的经济难以为继。出口在中国粗放型经济发展方式中起了举足轻重的作用,改革开放以来对外贸易依存度不断提高,我国商品外贸依存度已由1978年的9.7%上升到2006年的66.9%。然而,拉动我国外贸依存度上升的主要是以加工贸易为主的外向型经济。2004年加工贸易的出口额占出口总额的比重达55.28%。虽然这种高外贸依存度经济增长模式的优点显而易见,它可以较充分地利用经济全球化所带来的机遇,通过外向型经济快速获得较高的经济增长水平,但缺陷也不少:(1)本国实际获得的利益有限,发达国家拿走了"大头";(2)比较严重地依赖廉价劳动力,进而受劳动力价格上升的影响较大;(3)外贸依存度高导致经济运行对本国货币波动的反应比较大,汇率的变动直接导致外贸的变动,进而导致经济增长的变动,同时,我国的这种经济增长模式面临的与其他发展中国家之间的国际竞争冲击比较严重,另外受国际经济波动的影响大,主要受来自于发达国家的经济波动的影响;(4)加工产品的国内采购率较低,与国内经济的联系不紧密。过度依赖出口给中国造成了严重影响,一方面使中国的资源越来越少,环境污染日益严重,但得到利润并不多;另一方面,获得大量的外汇,既造成贸易伙伴国的不满,也由于所积累的外汇主要是购买美国债券继而美元贬值导致我国的血汗钱大幅度缩水,而且中国物美价廉的商品满足发达国家居民奢侈消费的同时,发达国家却大肆批评中国使世界环境恶化。

1987年,党的十三大报告提出,"要从粗放经营为主逐步转上集约

---

① 中国科学院可持续发展战略研究组.2006中国可持续发展战略报告:科学出版社,2006:284-307.

② 资料来源:国家统计局网 http://www.stats.gov.cn。

经营为主的轨道”,现在到了不得不转型的时候,必须把目前的高投入、高消耗、高污染、低产出、低质量、低效益向低投入、低消耗、低污染、高产出、高质量、高效益转型。我国过去曾经辉煌了三十多年的经济发展方式走到了“拐点”,经济发展方式的转型期已经到来。[①] 然而,目前我国的经济转型意味着我国除了要与广大发展中国家进行资源、商品等方面的低端竞争外,将越来越多地需要直接与发达国家在科技、资本方面进行高层次竞争,但是,我国经济转型目前面临人才瓶颈,现实中大量的劳动者人力资本存量都很低,难以满足用人单位需求。

据A省中小企业局2007年的调查报告显示,到2006年底,A省全省园区企业对劳动力的需求量巨大,园区用工紧张的问题日益凸现。GZ市16个工业园区普遍存在“缺工”现象,其中,“缺工”20%~40%的园区有7个,“缺工”40%以上的有7个。一些入园企业由于用工短缺,开工不足,造成企业缓产、减产甚至停产,企业做大受到制约,园区发展受到影响。用工短缺中,用工结构性矛盾突出,技术工人短缺,工业园区企业最缺乏的是技术工人,尤其是熟练的技工,而普工不缺。

解决我国目前的经济转型问题,不再是普及中学前教育就可以解决的了,而需要大力发展高等教育。目前中国高等教育仍然需要在数量与质量两个方面深入拓展。从高等教育毛入学率来看,2012年中国只有30%[②],而世界高收入国家达69.68%。2010年,我国公布的《国家中长期教育改革和发展规划纲要(2010~2020年)》提出,2020年高等教育毛入学率要达到40%,主要劳动年龄人口中受过高等教育的比例达到20%,具有高等教育文化程度的人数比2009年翻一番。要实现这些目标,仅依靠公办高校可能难以完成,必须大力发展民办高等教育予以补充。

除了我国经济转型背景决定着需要大力发展民办高等教育之外,其必要性还在于以下方面:

---

① 关信平.当前中国经济发展方式转型中的社会政策议题.探索与争鸣,2009(4).

② 《温家宝在政府工作报告中宣告2012年4%目标实现》《中国教育报》2013年3月6日.(原文无作者)

第一，满足其他主体的办学愿望。

政府是高等教育最主要的办学主体。作为一项社会事业，只要在国家有效干预下，教育教学质量能够得到保证，参与其中的非政府主体越多越好，国家应当满足。改革开放至今，有很多公民个人、企业、社会团体等有举办高等教育机构的愿望，因而国家有必要在加强监管的同时，满足他们举办高等教育机构的需求。

第二，需要社会力量的投入来补充国家对高等教育的投入不足。

越来越多的人需要接受高等教育，要求国家必须加大投入，然而国家投入不足。1993 年《中国教育改革和发展纲要》提出，要逐步提高国家财政性教育经费支出占国民生产总值的比例，到 20 世纪末达到发展中国家的平均水平，即 4%。[①] 但是，一直到 2012 年才终于实现 20 年前定的目标。同时，国家财政性教育经费占高校经费收入比重由 1998 年的 64.16%下降到 2009 年的 48.66%，[②]许多公办高校背负了巨额债务，全国各高校银行负债超过 2000 亿，加上其他负债，保守估计高校债务达 4000 亿元。[③] 这种情况下，必然需要社会力量的投入来补充。2009 年，民办高校举办者投入和社会捐赠达 59.49 亿元。[④]

第三，需要发展民办高等教育，促进高等教育领域良性竞争，提高效益。

作为一个发展中国家，举办世界上规模最大的高等教育，应当促进良性竞争，以提高办学效益。然而目前我国公办高校由于竞争不足，导致社会效益与经济效益低下。

公办高校的社会效益低下，首先表现为许多大学生失业，或者大学毕业后不得不考研、甚至考博以推迟就业。众多大学生失业，对于大学生在总人口中比重并不高的中国来说，并非正常现象。其次，由于高校培养的大学生的人力资本存量在下降，因而导致毕业大学生平均工资

---

① 为实现 4%的目标，教育部 2012 年专门成立了“4%办公室”。资料来源：赵秀红. 4%的前世今生. 中国教育报，2013-03-05.

② 根据 1998 年到 2009 年《中国教育统计年鉴》和《中国教育经费统计年鉴》整理所得。

③ 不过，近几年政府开始积极化解高校债务。资料来源：李润文. 高校政府银行各打算盘 谁制造了高校贷款黑洞?. 中国青年报，2007-03-08.

④ 其中包括民间资本对独立学院的投入。

也在下降。此外，近年已出现的大量高中生弃考现象即反映了人们对高校社会效益低下的不满。

公办高校的经济效益低下表现在：首先，大学生培养成本偏高。2004年，公办普通高校生均经费是民办普通高校的1.49倍，2011年进一步增长到1.89倍。① 其次，教育经费支出用在个人部分的比例偏高。2004年至2006年，公办普通高校经费总支出中，花在个人部分的比例分别是民办的2.05倍、1.99倍、2.10倍。近年有所好转，但2011年，公办仍是民办的1.48倍。再次，各公办高校人员结构不合理，非教学科研人员过度膨胀。目前我国高校非教学科研人员往往占学校教职工总人数的60%～70%以上，高校行政和后勤的运行成本过高，成为高校可持续发展的沉重包袱。② 最后，2004年公办普通高校有占全国教育经费总支出10.88%、数额为186.29亿的名为“招待费”等的“其他费用”，2005年则增至224.79亿，占总支出的11.12%，2006年为279.80亿，占总支出的12.02%，2007年进一步增长到358.26亿元，占总支出的13.29%。③其中存在的浪费显然不在少数。此外，一些公办高校不时被曝出修建豪华教学楼、豪华校门、高尔夫球场、观光电梯等之类的报道，有的不惜大肆举债去大兴土木以致债台高筑濒临破产。更有甚者，一贯被认为“清水衙门”的高校近年来曝光的贪腐案同样令人触目惊心。

总之，我国公办高校效益不高，有待提升，很多人对国内高等教育不满，“用脚投票”，选择国外就读。2012年度我国自费出国留学人员再创历史新高，达到了37.45万人，比2003年增长了2.43倍。④ 因而，我国必须大力发展民办高等教育以促进高等教育领域的良性竞争，提升效益。

---

① 如果单独进行公办高校与民办高校培养成本比较显然不够，但综合多方面还是可以说明问题的。

② 张向前，骆峤嵘，黄种杰．当前我国高等教育存在的主要问题及对策研究．内蒙古师大学报，2006(9)．

③ 《中国教育经费统计年鉴(2004—2011年)》。

④ 高毅哲，纪秀君．去年近40万人出国留学．中国教育报，2013-03-01．

第四,需要民办高等教育补充,以满足人们的多样化需求。

人们的高等教育需求是多样化的,需要得到不同方式的满足,而公办高校往往由于科层制的僵化特性等,对人们的需求反应迟缓,不能很好地满足一部分人的需求,因此需要民办高校面向市场、面向社会,以比较灵活的机制去满足公办高校所不能提供的特殊需求,否则一部分人的利益被忽视,福利需求得不到满足。

综上所述,尽管我国公办高校自 1999 年已迈出了大规模扩招的步伐,但是仍然很有必要大力发展民办高等教育。

第二节　民办高等教育的功能

民办高等教育的功能是指民办高等教育系统所能发挥的作用。按功能的指向,民办高等教育的功能可分为对国家的功能和对民众的功能。

一、对国家的功能

对于国家来说,民办高等教育虽不能完全替代公办高等教育的功能,但具有补充功能,主要体现在以下方面:

(一)民办高等教育的教育功能

民办高等教育的教育功能,除了主要体现在能够为国家培养一部分人才之外,还可在一定程度上补充公办高等教育的某些不足。

1. 从教育思想来看,许多公办高校往往秉承"精英教育"的思想,培养社会精英,几乎所有公办高校都热衷于"升格",都提出要办综合性大学,都想成为研究型大学,许多高校重科研、轻教学,而对于培养社会大量需要的普通劳动者实际并无太大意义。多数民办高校则致力于大众教育,培养社会需要的"灰领"与"蓝领"。

2. 从教育形式来看,长期以来,公办高校重视学历教育,不重视非学历教育,重视普通教育,不重视职业教育。上世纪 80 年代以来,民办高校往往发展公办高校所忽视的非学历教育,举办自学考试的助考机构;90 年代末期,民办高校开始大力发展高等职业教育,这些都是普通公办高校最初所忽视的。

3.从专业来看，公办高校按原专业设置运行的惯性非常大，一些专业尽管市场需求比较小，毕业生很难就业，仍然继续开设，同时，市场需求不足的专业生源不足则采取调剂学生的办法来补充。民办高校针对市场来设置专业，一些冷门专业不开设，市场需求不足的专业则少开设，甚至取消。

4.从教育的结果来看，一些公办高校的毕业生往往期望值比较高，对于生产第一线的工作往往不接受，并且培养出来的一些人才往往与市场需求发生结构性矛盾。而民办高校毕业生大都期望值低，有一份工作即可。

（二）民办高等教育的社会功能

保障国民的就业权利和维护国家稳定，是国家社会功能的重要内容，民办高等教育可补充国家这方面的功能。

1.民办高等教育创造就业的功能

首先，民办高校创造了大量的教职工岗位。以2012年为例，民办高校在校生254.78万人，教职工为18.83万人，加上民办的其他高等教育机构教职工3.19万，总计创造22.02万个专任教职工岗位。其次，民办高校还创造了诸如餐饮、日用商品零售、网吧、休闲娱乐等其他服务行业的就业岗位。如果按每20个民办高校大学生创造一个就业岗位，2012年全国民办高校创造了12.74万个服务业岗位，加上教职工岗位，2012年民办高校至少创造了34.76万个就业岗位。另外，假设没有民办高校，大量的公办高校落榜生都需要就业，这样，2012年缓解了254.78万人的就业，实际上可看作创造了同等数量的就业岗位。总之，2012年，民办高等教育创造就业岗位至少289.54万个，占当年城镇新增就业岗位的22.87%。[①]

2.民办高等教育的社会控制功能

美国社会学家克洛沃德和奥林创立的少年犯罪的不同机会理论认

① 根据国家统计局网统计数据和《2012年全国教育事业发展统计公报》相关数据整理所得。

为,犯罪是由于个人对获得成功的合法机会和非法机会的不同接近程度决定的,当个人谋求成功的合法机会受到阻碍而产生挫折时,就会利用非法的机会去追求成功,从而导致越轨甚至犯罪行为的发生。[①] 民办高校主要为一些落榜青年提供升学机会,使他们有机会实现社会流动,因而具有社会控制功能。有数据显示,大学尚未扩招之前,1998 年高中升学率为 46.1%,与此同时,人民法院审理的刑事犯罪中青少年比重高达 39.4%。随着大学大规模扩招,刑事罪犯中青少年比重开始下降。2002 年,高中升学率达到 83.5%的历史新高,同时,刑事罪犯中青少年比重降到 31.0%。然而,从 2003 年起,高中升学率开始下降,与此同时,刑事罪犯中青少年比重又开始反弹。自 2007 年起,高中升学率止跌回升,为 70.3%,同年刑事罪犯中青少年比重开始下降为 33.9%;2010 年高中升学率达到 83.3%,同年刑事罪犯中青少年比重下降为 28.6%;2011 年高中升学率达到 86.5%,同年刑事罪犯中青少年比重下降为 20.48%,为近些年来的最低水平。2012 年民办高校在校生已达 254.78 万人,因此,民办高等教育的社会控制功能是不容忽视的。长期以来,一些中学成绩比较差的学生和落榜生都是潜在的犯罪力量。[②] 民办高等教育的社会控制功能之所以特别值得关注,与民办高校的生源有很大关系。民办高校学生大都是公办高校的落榜生,一般来说,素质比公办的要差,自控能力较弱,高中教师关注更少,更容易越轨,更需要接受教育,甚至需要补充高中阶段本应完成的教育内容,一些学生家长也正是抱着让子女有个地方管的心理让子女就读民办高校。再者,青少年时期在人的生命周期中是最容易越轨的,多一所学校,少一座监狱,民办高等教育具有较强的社会控制功能不言而喻。

(三)民办高等教育的直接经济功能

民办高等教育的直接经济功能,是指对国家经济发展的直接促进作用,突出地表现在能直接促进区域经济增长,这也是"以经济建设为中心"时代,政府尤其是地方政府重视民办高等教育发展的一个最重要

① 周振想.青少年犯罪学:中国青年出版社,2004:180.

② 金一鸣.教育社会学:江苏教育出版社,1992:289.

原因。

尽管民办高校举办者与学生的教育投资在整个国家的教育投资中所占比重不大，但对某一区域来说作用明显。比如，2007 年，陕西省 17 所民办普通高校共有在校生 23.7 万人，[①]民办高校学杂费收入达 10 亿元，占当年陕西省全部预算内教育经费的 5.54%，[②]如再加上学生的消费，对当地经济的作用则更大。又如，2008 年，江西民办高校在校生至少 20 万人[③]，学杂费等收入超过 14 亿元，学生是一个巨大的消费群体，一年至少要花费 6.4 亿元，这样，江西民办高校学生对江西经济的直接贡献超过 20 亿元，更为重要的是，江西民办高校面向全国招生，省外生源超过 80%，每年从省外获得的资金至少达 16 亿元，如果再考虑这些资金的乘数效应，产出会更多。因此，陕西与江西等省都争相出台促进民办高等教育发展的优惠政策。

总之，民办高等教育对国家具有补充功能，使得公办高校大规模扩招以来，仍然允许民办高等教育继续发展。

二、对民众的功能

对以下不同群体而言，民办高等教育具有不同的不可或缺的功能。

（一）对一部分农家子弟而言，民办高校提供受教育的功能不可或缺

高中毕业时公办高校的落榜生面临几种选择：一是继续复读，来年再考；二是外出打工，终止受教育生涯；三是读民办高校。学生往往不愿意选择第一种，因为他们文化基础差，平时受的挫折多，对学习往往也不感兴趣，尤其是在应试教育下，各校争的都是北大、清华等重点院校的录取数或一本、二本的录取率，这部分学生离这些要求非常远，教师对他们也不抱希望，因而，继续复读再考，成绩大幅度提高的可能性不大，考取本科的可能性很小，结果最大可能还是考取专科学校，即使

---

① 彭宏，《领跑全国的陕西民办教育》，《华商报》，2009-04-05.

② 根据教育部网站相关数据整理所得。

③ 根据江西省各民办高校网站公布的在校生数整理所得。

考上公办专科学校，目前看来，也并不比民办高校具备更多优势，因而复读也就没有太大意义了。第二种选择，除非家庭实在困难，否则学生及其家长都不会选择，任何一个初中毕业继续读高中的学生几乎没有不希望高中毕业继续读大学的；这部分学生高中毕业时的年龄大都在十七八岁，大都读的是普通高中，毫无专业技能，离开校门，基本上一辈子只能打工，加之如今劳动力市场对劳动者的要求大大提高，通常要求大专以上学历，如此一来，这部分学生面临的只有第三种选择了。

实际上，这部分必然要进入民办高校的公办高校落榜生，绝大部分是农家子弟，从以下几方面可以反映出来：

(1)笔者根据 A 省 CS 学院 2008～2009 年度获得国家助学金的一份大学生名单整理发现，在共计 2513 名大学生中，来自我国中部地区的占 71.75%，西部的占 13.97%，东部的占 14.29%。① 东部、中部、西部这些概念，与农村及城市概念一样，不仅是一个地理概念，更是一个经济概念，反映出学生多数来自欠发达地区。

(2)据笔者在 A 省 DY 学院五年的参与观察，发现该校学生 90%以上来自农村。笔者的受访者也都证实了这个判断。

(3)农村教育长期落后。尽管 2007 年开始，免除了农村义务教育学杂费，但总体来说，我国一直实行城乡有别的“重城市、轻农村”的公共教育资源配置制度。城市中小学教育主要由国家投资，而农村义务教育由于缺乏合理的经费制度保障，使目标难以落到实处。② 国家对农村的教育人力资本投入不足，导致农村教育水平低下。农村中小学教育拨款不足，只好通过“摊派”的方式向农民集资，然而，由于农民收入长期以来平均只有城市居民的三分之一到六分之一，所以农民个人的教育人力资本投入很有限。农村教育投入的不足，导致农村教育比城市落后，高考录取率更低。这些农村高考落榜者除了复读与进入社会就业之外，便是进入民办高校读自考。虽然大学扩招以来农村高考录取率提高了，与城市的录取率差距在缩小，但农村考生更多是进入了

---

① 资料来源：该学院网站。

② 闫伟．构建和完善分配制度体系建设社会主义新农村．地方财政研究，2006(6)．

中国高等教育的低端市场，即高职高专。有研究表明，农村学生进入国家重点院校、一般本科院校以及独立学院的比重都小于城镇学生的，而进入高职高专的比重比城镇学生的高 12.4 个百分点。民办高校绝大多数也正处于高职高专这一层次。[①] 这些年来，民办高校专科在校生绝对数还是在增长的，2005 年民办高校专科在校生达 94.76 万人，到 2012 年民办高校的专科在校生增长到 175.70 万人。[②] 从现实来看，城市学生在选择专科院校时，也尽量选择公办的，这样，很显然民办高校的生源绝大多数来自农村。

(4)民办高校主要面向农村，面向农村的普通高中进行招生宣传。在北京、上海、天津等大城市，民办高校大都不会去宣传，重点高中一般也不会成为宣传对象，基本是到农村的普通高中去宣传。

(5)由于信息的缺乏，广大农村家长及学生对民办高校知之不多，与民办高校招生员存在信息不对称现象，很多时候，农村家长有关民办高校的信息来源主要是民办高校招生员，而城市家长及学生就不会轻易相信招生员的话，他们信息来源更多，知道招生员的话“水分”很多。因此，民办高校来自农村的也更多。

所以，民办高等教育对于一部分农家子弟而言，受教育的功能便不可或缺。一方面，民办高校满足了这部分学生的升学需求(尤其是统招教育)，没有民办高校，他们就少了一个选择机会；另一方面，他们或多或少可以在民办高校学到一些知识与技能，利于将来的就业。

民办高等教育对这些农村子弟是否具有不可或缺的正功能，可从学生对教育服务的评价反映出来。A 省 DY 学院曾对该校服务情况做

① 由于蒋国河的调查只是在公办高职高专中进行，显示农村学生的比例仍然不够高。资料来源：蒋国河. 当前我国高等教育入学机会的城乡差异——基于对江西、天津高校的实证调查分析. 现代大学教育，2007(6).

② 资料来源：《2005－2012 年全国教育事业发展统计公报》和国家统计局及教育部网站统计数据。

过调查，[①]详见表 2.1：

表 2.1　2006 年 A 省 DY 学院教学服务学生满意状况调查汇总表

学院(系)	十分满意票数	比较满意票数	满意票数	不满意票数	总票数	满意率
艺术学院音乐系	39	192	303	127	661	80.79%
人文学院	172	470	715	479	1836	73.91%
工程学院机电系	289	1030	1640	1431	4390	67.40%
艺术学院美术系	136	739	814	950	2639	66.47%
外国语学院	68	466	723	695	1952	64.40%
工程学院建筑系	87	389	609	642	1727	62.83%
计算机学院	77	455	864	859	2255	61.91%
工程学院数模系	201	1112	1904	2007	5224	61.58%
经管学院经管(一)系	90	369	462	651	1572	58.59%
经管学院经管(二)系	113	632	1032	1167	2944	60.36%
医学系	14	66	96	133	309	56.96%
工程学院电子汽运系	76	243	412	575	1306	55.97%
全院汇总	1362	6163	9574	9716	26815	64.00%

资料来源：A 省 DY 学院教务处教学服务情况调查。

由表 2.1 可见，2006 年 DY 学院学生对教学服务情况总体来说是比较满意的，满意率达 64.00%。该学院属一所专科学校，在 A 省属一般性的民办高校，样本容量大，反映民办高校的服务情况具有较强的代表性。民办高校大学生对服务情况比较满意，充分反映了民办高等教育不可或缺的功能。

此外，民办高等教育对一部分农家子弟的不可或缺还体现在促进了他们的进一步社会化。

① 该学院教务处于 2006 年 3 月 19 日到 31 日在各院系 04、05 级各专业班级中开展了教学服务情况调查。调查内容：(1)课程安排；(2)教师教学；(3)实践教学；(4)教材的选用；(5)教材的发放；(6)考试考核；(7)院系专业咨询指导；(8)院系教学信息反馈。调查的方式：随机抽样调查。问卷发放方式：班级人数在 30 人以下的发 5 份，人数在 30 人以上、60 人以下的发 10 份，人数在 60 人以上的发 15 份。资料来源：思想政治理论教研室内部文件（该学院教务处 2006 年 4 月 28 日下发的一份通知）。

2009年12月17日，DY学院2005级数控专业毕业生CZG的家长接受笔者访谈时说："小毛头(CZG)读了书就是不一样，说话啊，待人接物啊，都要好些，大毛头(她的大儿子)没有读大学，就要隔(差)一点儿。"

2009年12月19日，DY学院2006级数控专业毕业生CLF的家长接受笔者访谈时说："读了书，肯定是值得的。"

（二）对多数民办高校举办者而言，民办高等教育提供投资渠道的功能不可或缺

据全国人大教科文卫委员会教育室1998年10月至1999年2月对全国20个省份的82所民办学校进行的问卷调查表明，民办学校举办者的资金投入中，66.2%属投资性质，23%为借贷性质，捐赠性质的只有10.8%。① 换句话说，绝大多数民办高校举办者是投资办学。

新中国成立以来的相当长时间内，我国实行计划经济，各行各业基本都是国家经营，提出建立市场经济时间还不长，民间投资者所能选择的行业并不多。直到现在，电力、石油、化工、电信、邮政、铁路、航空、烟草、金融、保险、供水供气、盐业、新闻出版等行业都非一般国内民间资本所能有实力涉入的。相比之下，民办高等教育领域是为数不多的、国家鼓励社会力量投资的行业，加之从20世纪80年代乃至90年代一直到21世纪初，高等教育行业的社会需求很大，在这样难得的外界环境下，90年代初才会出现"社会办学火爆，一天一所学校"的局面。2002年《民办教育促进法》公布，其中规定举办者可以取得合理回报，此举即含有进一步肯定民办高等教育、为举办者提供投资渠道之意。

此外，对于一些企业主来说，民办高等教育的功能不可或缺。目前民办高校虽然不能培养高技能人才，但是民办高校大学生经过培养之后，所掌握的专业知识与技能毕竟是普通的农民工无法比拟的。只要民办高校毕业生期望值适当，一些企业主还是比较欢迎的。

---

① 全国人大教科文卫委员会教育室，香港大学中国教育研究中心. 民办教育研究与立法探索：广东高等教育出版社，2001：42－43.

第三节　民办高等教育的发展演进

1952 年院系调整中，私立大学全部改为公立[①]。改革开放以来，由于中国的经济社会条件发生了巨大变化，存在发展民办高等教育的必要性，同时民办高等教育本身具有一定功能，民办高等教育因而在此时得以逐渐恢复发展起来。改革开放至今，我国民办高等教育已经历了三个发展阶段。第一阶段是 1978 年到 1992 年，可称恢复起步阶段；第二阶段是 1993 年到 1998 年，可称快速增长阶段；第三阶段是 1999 年至今，可称调整阶段。以下将论述各阶段的发展演进状况。

一、民办高等教育恢复起步阶段

民办高等教育得以恢复起步，邓小平的推动非常关键，他支持民办教育发展，同时国家对高等教育政策进行了调整。

邓小平对教育工作非常重视，他身体力行，重新出来工作后抓科技和教育。[②] 早在 1977 年 8 月 8 日，邓小平在全国科技和教育工作座谈会上指出，教育还是要两条腿走路。就高等教育来说，大专院校是一条腿，各种半工半读的和业余的大学是一条腿，两条腿走路。[③] 这就为民办高等教育机构的出现提供了可能。

1978 年 3 月，在《全国科学大会开幕式上的讲话》中，邓小平再次指出："教育事业，决不只是教育部门的事，各级党委要认真地作为大事来抓。各行各业都要来支持教育事业，大力兴办教育事业。"邓小平希望调动社会力量来参与教育，以满足国家经济社会发展的需求。

1978 年 10 月，湖南长沙开办了一个高考文化课补习班，后来发展为湖南长沙中山业余大学（后改为湖南中山进修大学）。[④] 学界普遍认

---

① 中央教育科学研究所编.中华人民共和国教育大事记 1949～1982：教育科学出版社，1983：70.

② 倪翌风主编.《邓小平文选》第 2 卷注释本：中共中央党校出版社，1994：37.

③ 邓小平.邓小平文选，第 2 卷：人民出版社，1994：54.

④ 金忠明，李若驰，王冠.中国民办教育史：中国社会科学出版社，2003：241.

为,这所民办高校的成立标志着中国民办高等教育的正式开始恢复起步。

1980年10月29日,北京市人民政府发出《关于建立高等教育自学考核制度的决定》,规定凡北京市公民,不论通过哪一种形式学习,不受学历、年龄限制,均可自愿申请应考,凡经考核达到高等学校毕业生同等水平者,均承认其学历。1981年1月13日,国务院批转教育部《关于高等教育自学考试试行办法的报告》,决定建立高等教育自学考试制度,决定在国务院领导下,成立全国高等教育自学考试委员会,并确定先在北京、天津、上海进行试点。[①] 经过试点后,这项制度已向全国有条件的地方推广开来。

自学考试政策,是一项具有中国特色的高等教育政策,它对中国民办高等教育的发展至关重要,为一些社会组织及社会人士举办自学考试的助考机构提供了难得的机遇。

随着民办高等教育的恢复发展,民办高等教育的立法进程也开始推进。1982年12月4日,全国人大颁布了第四部《中华人民共和国宪法》,其中第19条规定:"国家鼓励集体经济组织、国家企业事业组织和其他社会力量依照法律规定举办各种教育事业。"宪法的这一规定,为民办高等教育的发展提供了宪法保证,也为以后对民办教育问题进行立法提供了最高法律依据,这是建国以来首次在根本大法中肯定民办教育的合法地位。

当然,从严格意义上说,到此时还没有一所真正的民办高校,绝大多数只是职业培训机构或自学助考机构,而且数量有限。以北京为例,到1983年仅有两所面授机构与两所函授机构共4所。

1984年,民办教育开始有了突破性进展。1984年3月,诞生了全国第一家国家承认学历的民办公助体制的北京海淀走读大学(即今天的北京城市学院)。[②]

① 中央教育科学研究所.中华人民共和国教育大事记1949～1982:教育科学出版社,1983:596－606.

② 金忠明,李若驰,王冠.中国民办教育史:中国社会科学出版社,2003:241－247.

但是,民办教育发展至此,反对力量非常大,有的人担心培养不出“根正苗红”的人才,甚至认为,这样下去,迟早会出现“异己分子”和“社会主义掘墓人”。这与对待整个改革开放和经济特区的问题一样,也有不少人想不通,感觉“辛辛苦苦三十年,一夜回到解放前”,因此有的地方和部门对民办学校冷眼相待。为此,邓小平在1985年5月召开的全国教育工作会议上,批评了那些“缺乏远见”、“不成熟”的同志,他充分地肯定了城乡和社会各界及爱国侨胞捐资办学的热情,他认为,我国城乡和社会各界,蕴藏着极大的办学热情,不少爱国侨胞也热心捐资办学,现在我们又有一个正确的纲领,在这样的条件下,只要各级领导认真抓,教育的事情好办,悲观是没有根据的。①

邓小平对民办教育的支持还直接体现在行动上,1984年,邓小平亲自为北京自修大学题写了校名。② 这对整个社会改变对民办教育的看法,推动民办高等教育的发展起了很大示范效应。

1985年5月27日,国务院正式发布了《中共中央关于教育体制改革的决定》,它指出,地方要鼓励和指导国营企业、社会团体和个人办学,并在自愿的基础上,鼓励单位、集体和个人捐资助学,但不得强迫摊派;发展职业技术教育,要充分调动企事业单位和业务部门的积极性,并且鼓励集体、个人和其他社会力量办学;要动员和教育全党、全社会及全国人民关心和支持教育体制改革,发展教育事业;鼓励各民主党派、人民团体、社会组织、离休退休干部和知识分子、集体经济单位和个人,遵照党和政府的方针政策,采取多种形式和办法,积极地、自愿地为发展教育贡献力量。③ 这是国家试图从体制上改变高等教育的“苏联模式”。

外部社会政策环境的变化,对民办高等教育的发展起了较大的推动作用。截止到1985年,全国各类民办高校已发展到170所,在校学

① 邓小平.邓小平文选,第3卷:人民出版社,1993:121—122.

② 金忠明,李若驰,王冠.中国民办教育史:中国社会科学出版社,2003:242.

③ 资料来源:湖南教育网:http://www.hnedu.cn/web/0/200506/21115244281.html。

生100余万人。[①]

1987年7月8日，国家教育委员会发布了《关于社会力量办学的若干暂行规定》，文件对"社会力量办学"的内涵、主要办学形式与层次类别，以及招生、广告、经费、财务、审批、聘任教师等方面作出了较为具体的规定。[②] 这份文件也是国家教育委员会对民办教育所制定的第一个基本规章，标志着国家正式要将民办教育纳入正常的教育管理体系中。

1987年12月28日，国家教委、财政部发布了《社会力量办学财务管理暂行规定》，提出社会力量举办学校的财务管理的基本原则，并对社会力量的经费来源、经费支出、日常财务管理等做出了规定，同时，也对社会力量学校停办时的措施以及财务清理、处理做出了原则性规定。[③] 这表明国家试图开始对民办教育的财务进行管理。

1988年10月24日，国家教委为了鼓励和支持社会力量办学，提高办学质量和效益，促进其健康发展，制定了《社会力量办学教学管理暂行规定》，主要涉及社会力量办学的培养目标、课程设置、教学计划、教学大纲、教材建设、教师聘任、教学场所、学籍管理以及其他与教学有关的内容。[④]

截止1992年底，经国家教育委员会批准的具有高等学历教育资格的民办高校10所，另有社会团体与政府部门或企业联合开办的高等学历教育学校40余所，以及由省级教育行政部门审批的培训、辅导、助学性质的民办高等教育机构500余所。[⑤]

总之，在民办高等教育的恢复起步阶段，邓小平对民办教育的支持

---

① 金忠明，李若驰，王冠. 中国民办教育史：中国社会科学出版社，2003：241－247.

② 资料来源：人民网法律法规库：http://www.people.com.cn/item/flfgk/gwyfg/1987/206005198703.html。

③ 资料来源：人民网法律法规库：http://www.people.com.cn/item/flfgk/gwyfg/1987/206014198704.html。

④ 资料来源：人民网法律法规库：http://www.people.com.cn/item/flfgk/gwyfg/1988/206005198804.html。

⑤ 金忠明，李若驰，王冠. 中国民办教育史：中国社会科学出版社，2003：248.

与国家民办高等教育政策的一些变动，推动了民办高等教育的发展。不过，这个时期，多数民办高等教育组织没有合法的生存模式，其合法性是依附在由公办大学主考的自学考试上的，民办高等教育组织不具有独立性，多数学校都没有较大的财力投资，是一种滚动式、渐进式的发展。[①]

二、民办高等教育快速增长阶段

邓小平南巡讲话和党的十四大召开，使1992年成为中国社会巨变一个开始。邓小平在南巡讲话中指出："改革开放胆子要大一些，敢于试验，不能像小脚女人一样。看准了的，就大胆地闯。"[②]十四大报告提出，加快我国经济发展，必须进一步解放思想，加快改革开放的步伐。这些使得办学体制大大突破了原有的民办教育政策框架。这一阶段颁布的民办高等教育政策与法规是最多最集中的，它一方面是试图进一步鼓励民办高等教育发展，另一方面是要加强对民办高校的规范性。不过，前者是主要的。

1992年1月，国家教育委员会发布了《全国教育事业十年规划和"八五"计划要点》，提出为满足社会日益增长的需求，要逐步建立以政府办学为主的社会各界共同办学的体制。9月，国家教育委员会党组提出了《关于加快教育改革和发展的若干意见》，指出，目前要特别鼓励、支持社会力量举办以职业技术教育、基础教育、继续教育、社会文化生活教育和助学性质的高等教育为主的各类教育。[③]

1993年1月7日，国务院办公厅转发了国家教育委员会《关于进一步改革和发展成人高等教育的意见》的通知，它指出，国家鼓励和支持社会力量办学。申请办学的社会团体或个人应具有法人资格；社会力量举办具有颁发国家承认的学历文凭的高等学校，应按照国务院发布的《普通高等学校设置暂行条例》和国家教委颁布的《成人高等学校

① 姜华，丁楠.民办高等教育发展的阶段划分及其模式.民办教育研究，2008(2).

② 邓小平.邓小平文选，第3卷:人民出版社，1993:372.

③ 资料来源：湖南教育网：http://www.hnedu.cn/fagui/Law/12/law_12_1336.htm。

设置暂行规定》进行审批，批准后纳入普通高等教育和成人高等教育系列。① 在此，又创立一项对民办高等教育发展非常关键的制度，即学历文凭考试制度。

1993 年 2 月，中共中央、国务院颁布了《中国教育改革和发展纲要》，提出改变政府包揽办学的格局，逐步建立以政府办学为主体，社会各界共同办学的体制；国家对社会团体和公民个人依法办学，采取“积极鼓励、大力支持、正确引导、加强管理”的方针。这是国家第一次明确对社会力量办学的十六字方针。②

1993 年 8 月 17 日，国家教育委员会发布了《民办高等学校设置暂行规定》，这是改革开放以来，第一部民办高等教育的专门规章。③

截至 1993 年底，国家正式批准的实施学历教育的民办高等学校 16 所，培训、进修、助学性质的民办高等教育机构约 800 所，其中，高等教育学历文凭考试试点学校 24 所，另外，各级老年协会举办的老龄大学 5000 多所。④

1995 年 3 月 18 日，八届人大三次会议通过《中华人民共和国教育法》，第 25 条中规定：“国家鼓励企业事业组织、社会团体、其他社会组织及公民个人依法举办学校及其他教育机构。任何组织和个人不得以营利为目的举办学校及其他教育机构。”第 46 条规定：“企业事业组织、社会团体及其他社会组织和个人，可以通过适当形式，支持学校的建设，参与学校管理。”第 60 条规定：“国家鼓励境内、境外社会组织和个人捐资办学。”⑤

到 1996 年底，民办高等教育中，具有颁发学历文凭资格的学校 21 所，在校生 1.4 万人，高等教育文凭考试试点机构 89 所，在校生 5.14 万人；其他不具有颁发学历文凭资格的民办高等教育机构 1109 所，其中，面授的 1020 所，函授的 89 所，在校生 108 万人中，面授生 57 万人，

---

① 资料来源：湖南教育网：http://www.hnedu.com/fagui/Law/12/law_12_1422.htm。
② 资料来源：湖南教育网：http://www.hnedu.cn/fagui/Law/12/law_12_1044.htm。
③ 资料来源：湖南教育网：http://www.hnedu.cn/fagui/Law/22/law_22_1029.htm。
④ 金忠明，李若驰，王冠. 中国民办教育史：中国社会科学出版社，2003：250.
⑤ 林天卫，吴华钿. 教育法规读本：广东高等教育出版社，2005：231.

函授生 51 万人。[①]

1997 年 7 月 31 日，国务院颁布了《社会力量办学条例》，[②]这是我国第一个规范民办教育的行政法规，标志着国家要把民办教育纳入依法办学、依法管理、依法行政的范畴。

1999 年公办高校开始大规模扩招，一些公办高校也开始举办独立学院，但公办高校扩招才刚开始，民办高等教育此时仍然继续有所发展。民办高等学校和教育机构共 1277 所，在校学生计 148.8 万人，其中具有颁发学历文凭资格的学校增加 37 所，在校学生达 4.6 万人；高等教育学历文凭考试试点机构 370 所，在校生 25.8 万人；非学历高等教育机构 1240 所，在校生 118.4 万人。[③]

纵观民办高等教育快速增长阶段，学历文凭考试学校是此阶段民办高校的一大特色，学校可以主考三分之一以实践性、技能性为主的课程，三分之二的课程仍然必须参加国家自学考试，学生通过全部考试，毕业时可以得到学校副署的毕业证书。这实际上是对参加自学考试者实行全日制教育，使社会助学合法化，也为民间办学者提供一种地位略高于自考"辅导站"的办学种类。[④] 学历文凭考试具备自学考试所没有的"优势"，比较适合一些实力较弱的民办高校，同时学校获得学历文凭考试资格的要求不高，大多数民办高等教育机构都可具备这种资格。学历文凭考试制度极大地促进了我国民办高等教育的发展，后来具有独立颁发学历的民办高校基本都是从学历文凭考试高校转化而来的。

从这个阶段开始，民办高等教育主要的组织形式是学历文凭考试学院，民办高等教育开始有了半依附的合法性，依附于国家和各个省组织的学历文凭考试上，同时，民办高等教育组织也具有半独立性，是这个时期民办高等教育的特点。

从这个阶段的资金投入模式来看，主要是以投资式、贷款式为主。

---

① 金忠明，李若驰，王冠. 中国民办教育史：中国社会科学出版社，2003：252.

② 资料来源：新华网：http://news. xinhuanet. com/st/2002-01/21/content_246360. htm。

③ 金忠明，李若驰，王冠. 中国民办教育史：中国社会科学出版社，2003：260.

④ 金忠明，李若驰，王冠. 中国民办教育史：中国社会科学出版社，2003：254.

民办高校开始从个人或银行贷款,逐渐加大了对学校的投资。从整个民办高等教育来看,由于学历文凭考试独有的“优越性”,使得民办高校的数量急剧增长。[①]

三、民办高等教育调整阶段

从1999年至今,中国民办高等教育发展进入调整阶段。民办高校教育的调整既是外力强迫的结果,也是民办高等教育对外界环境作出的反应。

1999年,公办高校开始大规模扩招,并开始举办独立学院。这对民办高等教育发展影响非常大。除了独立颁发学历的民办高校数量在增长之外,其他类型民办高等教育机构在2001年左右开始萎缩。

在民办教育发展环境遭遇重大变化的情况下,一些民办教育举办者呼吁国家关注民办教育发展。经过努力,2002年12月28日,第九届全国人民代表大会常务委员会第三十一次会议通过了《中华人民共和国民办教育促进法》。[②] 这是民办教育恢复发展以来最重要的一部法律,但是虽名为“民办教育促进法”,举办者希望民办教育的发展环境如90年代一样宽松已经不可能。

2004年7月2日,教育部考试中心网站公布教育部通知,所有进行学历文凭考试试点的民办高等教育机构一律终止招收文凭考试学生,教育部在通知发布后将不再对文凭考试试点省份进行资格审批,已具有文凭考试试点资格的省级教育行政部门,一律不再对文凭考试试点机构进行资格审批,已具有文凭考试试点资格的民办高等教育机构,2004年可适度招收文凭考试学生。自2005年始,所有进行文凭考试试点的民办高等教育机构,一律终止招收文凭考试学生。[③] 到2007年,学历文凭考试制度彻底废除了,这项政策对一些不具备学历教育资

---

① 姜华,丁楠.民办高等教育发展的阶段划分及其模式.民办教育研究,2008(2).

② 资料来源:教育部网站:http://www.moe.edu.cn/edoas/website18/level3.jsp? tablename=884&infoid=8316。

③ 资料来源:郭少峰.教育部:取消高等教育学历文凭考试.http://news.xinhuanet.com/edu/2004-07/04/content_1569783.htm。

格、没来得及转型的民办高校无疑是沉重打击。

2006年10月，江西爆发了震惊中外的服装学院事件和赣江学院事件，每所学院损失超过千万元。鉴于民办高校出现如此重大事件，国家进一步加强了对民办高校的监管力度。

2006年12月21日，中组部、教育部党组联合印发了《关于加强民办高校党的建设工作的若干意见》，文件从六个方面提出了工作要求，即充分认识加强民办高校党建工作的重要性和紧迫性；健全组织，理顺关系，明确民办高校党组织的作用和职责；全面加强民办高校党组织自身建设；加强和改进民办高校大学生思想政治教育；维护民办高校安全稳定，努力建设和谐校园；切实加强对民办高校党建工作的领导。同时，国务院下发通知：一是充分认识加强民办高校规范管理的重要性和紧迫性；二是依法规范民办高校办学行为和内部管理；三是依法落实民办高校有关扶持政策；四是切实加强对民办高校规范管理工作的领导。这些是民办高校出现了群体性事件之后，国家迅速做出反应的产物。

2007年2月3日，教育部制定并发布《民办高等学校办学管理若干规定》（自2007年2月10日起施行），这是自《民办教育促进法》颁布以来一部旨在规范民办高等教育活动，并且很快产生实质影响的重要部门规章。其中，创立了两项具有重要影响的制度，一是资产过户制度，一是民办高校督导专员制度。

此外，在民办高校的调整阶段，近几年来，国家还颁布了其他方面的民办高等教育政策。

总之，在民办高等教育调整阶段，民办高等教育发展情况详见表2.2：

表2.2　1996～2012年民办高等教育发展情况

年份	学历文凭考试试点高校		独立颁发学历高校		其他民办高等教育机构	
	院校数(所)	在校生数(万人)	院校数(所)	在校生数(万人)	院校数(所)	在校生数(万人)
1996	89	5.14	21	1.2	1109	108.4
1997	157	9.40	20	1.6	1095	119
1998	300	—	22	2.2	1200	—

年份	学历文凭考试试点高校		独立颁发学历高校		其他民办高等教育机构	
	院校数(所)	在校生数(万人)	院校数(所)	在校生数(万人)	院校数(所)	在校生数(万人)
1999	370	25.8	37	4.0	1240	118.4
2000	467	29.7	43	6.8	1282	98.17
2001	436	32.1	124	14.04	1291	128
2002	393	36.7	133	31.98	1202	140.35
2003	384	39.38	173	81.0	1104	100.40
2004	—	—	228	71.1	1187	105.33
2005	—	—	252	105.17	1077	109.15
2006	—	—	278	133.79	994	93.9
2007	—	—	297	163.07	906	87.34
2008	—	—	318	401.3*	866	92.02
2009	—	—	336	204.77	812	85.22
2010	—	—	353	216.37	836	92.18
2011	—	—	389	237.62	830	88.14
2012	—	—	404	254.78	823	82.82

*含独立学院学生数，其中本科生 223.3 万人，专科生 178.0 万人，独立学院多数是本科生，民办高校多数是专科生。

资料来源：①林可丹.世纪之交的昙花一现——1993～2007 我国高等教育学历文凭考试的兴起与衰亡.高教论坛，2008(1).②《2005～2012 年全国教育事业发展统计公报》和教育部网站统计数据。

从表 2.2 可见，学历文凭考试试点高校到 2004 年基本就不存在了，要么转为高职院校，要么倒闭了。独立颁发学历的民办高校这一阶段发展最快，尤其是 2000 年到 2001 年，学校数增长了 188.37%，到 2012 年，学校数增长到 404 所，是 1999 年 37 所的 10.92 倍，同时独立颁发学历的民办高校学生数也由 1999 年的 4.0 万人，增长到 2012 年的 254.78 万人，增长了 63.70 倍。其他民办高等教育机构 2001 年达到最高峰的 1291 所，其后连续逐年下降，2012 年只剩下 823 所，减少了 468 所，净减 36.25%；同时其他民办高等教育机构学生数 2002 年达到最高峰的 140.35 万人，到 2012 年减少到 82.82 万人，减少了

57.53万人，也净减40.99％。

总之，中国民办高等教育近些年来的整体发展状况预示着，当前中国民办高等教育的主导发展模式到了应当转型的时候。

第三章 当前民办高等教育的主导发展模式:市场化发展模式

科学划分民办高等教育发展模式是把握当前民办高等教育主导发展模式的关键。由于中国发展民办高等教育的环境特殊,20 世纪 90 年代中后期,中国民办高等教育发展模式形成以市场化发展模式为主导的形势,民办高等教育市场化发展模式在中国表现出了鲜明的特征。

第一节 民办高等教育发展模式的类型

教育作为以培养人为目的的社会活动,本质上是一项社会福利事业,学校作为教育的载体,本质上也不同于一般的企业。因而,科学划分民办高等教育发展模式,应当要从本质上区别于其他社会产品的发展模式。根据民办高校举办者的办学动机及政府在其中的角色,民办高等教育的发展模式可分为以下五种理想类型:

第一,纯福利发展模式,即民办高校举办者以完全免费的方式向受教育者提供高等教育的发展模式。在这种发展模式下,举办者完全是出于社会目标,受教育者几乎无需承担任何成本。

纯福利高等教育发展模式,自民办高等教育产生以来,几乎没有存在过,即便是美国那样的私立高等教育高度发达的国家,也从来没有出现过这种发展模式。理由很简单,高等教育需要巨额投入,很少有私营组织能够持续承担纯福利发展模式。不过,在公办高等教育发展过程中,倒存在这种发展模式。例如,改革开放以前、计划经济时代的中国高等教育即是这种发展模式；目前朝鲜的高等教育仍然是纯福利发展模式①；瑞典高等教育也是这种发展模式。②

第二，市场化发展模式，即在政府未进行有效干预的情况下，民办高校以市场为导向，以实现举办者利润最大化的发展模式。在这种发展模式下，政府一方面不对民办高校进行足够资助，另一方面不对民办高校的教育教学质量和财务等进行有效监管，任由民办高等教育服务提供方与购买方进行交易。

市场化民办高等教育发展模式在世界上是比较少见的。不过，目前中国民办高等教育的主导发展模式即是这种模式（其后将详细论述）。

第三，营利发展模式，即在政府进行有效干预的情况下，民办高校举办者通过等价交换原则向受教育者提供高等教育，除了办学成本之外，还可获得利润的发展模式。在这种发展模式下，举办者是出于经济目标，受教育者要承担一定成本，同时政府进行有效干预，分担一些成本，并确保一定的教育教学质量。

营利民办高等教育发展模式，是市场经济发展到一定阶段的产物，高等教育成为了一种商品，受教育者通过等价交换而获得。比如，20世纪70年代以来，美国私立高等教育发展模式中营利发展模式扩张得非常快；目前，韩国、马来西亚、菲律宾的私立高等教育中这种发展模式都占有一定比重。③

第四，非营利发展模式，即在政府进行有效干预的情况下，民办高校举办者通过福利性原则向受教育者提供高等教育，除了办学成本之外，举办者不能获得利润，利润只能用于学校进一步发展所需，这种民办高等教育发展模式叫非营利发展模式。在这种发展模式下，举办者是出于社会目标，受教育者要承担一定成本，但通常低于市场价格，同

① 全金姬，崔美．朝鲜高等教育体制及其启示．辽东学院学报，2009(2)．

② 谢惠芳．瑞典的高等教育——历史与现状探讨．外国教育资料，2000(3)．

③ 陈武元，薄云．韩国、马来西亚、菲律宾三国私立高等教育经费政策研究．高等教育研究，2008(2)．

时政府进行有效干预，以确保一定的教育教学质量。

非营利民办高等教育发展模式历史悠久。比如，中国古代两宋时期“书院”的发展模式即是非营利发展模式；20世纪70年代之前，美国私立高等教育主导发展模式也基本属非营利发展模式。

不过，非营利发展模式并非一成不变，与传统的非营利发展模式相比，现代的非营利发展模式已经发生了较大变化，最明显地体现在资金来源上。传统的非营利组织资金主要来源于私人捐赠和政府补助。1964年私人捐赠占美国非营利组织开支比重的53.5%。① 1980年，联邦政府对非营利部门的直接资助高达410亿美元，相当于非营利部门总收入的35%。随着福利国家危机的出现，80年代各国政府开始削减福利，把竞争机制引入公共服务中来。1990年，美国非营利组织从联邦政府那里所得的资助比1980年下降了10%。② 经济的不景气导致非营利组织的私人捐赠也逐年减少。1980年美国私人捐赠占非营利组织开支降至32.3%，1993年进一步下降到23.6%。③ 在捐赠与政府补助减少的情况下，非营利组织要想获得资金来源，越来越需要自身增强“造血”功能，以弥补经费不足。2009～2010年度美国私立非营利学位授予机构收入来源中，联邦补助占13.58%，私人捐赠占10.68%，两项相加只占24.26%；而投资收入占16.85%，附属企业收入占8.35%，医院收入9.81%，教育活动收入占2.86%，其它收入占3.17%，各项经营收入之和占总收入的41.04%。④ 可见，美国传统的非营利性高校资金来源已经发生了非常大的变化，尽管美国私立非营利性高校的宗旨与性质没有根本改变。

第五，社会企业化发展模式。所谓“社会企业”，一般而言，是以企业化运作手段去实现社会目标的非营利组织（第六章将详细论述社会企业）。

---

① 王绍光.多元与统一——第三部门国际比较研究：浙江人民出版社，1999：78.
② 王绍光.多元与统一——第三部门国际比较研究：浙江人民出版社，1999：94－96.
③ 王绍光.多元与统一——第三部门国际比较研究：浙江人民出版社，1999：78.
④ 资料来源：美国国家教育统计中心网站：http://nces.ed.gov。

民办高校以企业化运作手段,遵循福利性原则向受教育者提供高等教育,这种民办高等教育发展模式叫社会企业化发展模式。

社会企业化民办高等教育发展模式,属非营利发展模式的范畴,区别只在于,社会企业化发展模式强调以企业化运作手段来筹集办学资金,一方面使得资金来源多元化,另一方面办学资金使用效益得以提高。简而言之,社会企业化民办高等教育发展模式,即要把民办高校办成社会企业,以满足一部分人的高等教育需求。

目前,美国私立高等教育传统的非营利发展模式实际上已经转变为社会企业化发展模式。

总之,上述五种民办高等教育发展模式的关系实际上可形成一个完整的连续谱,可以图 3.1 表示:

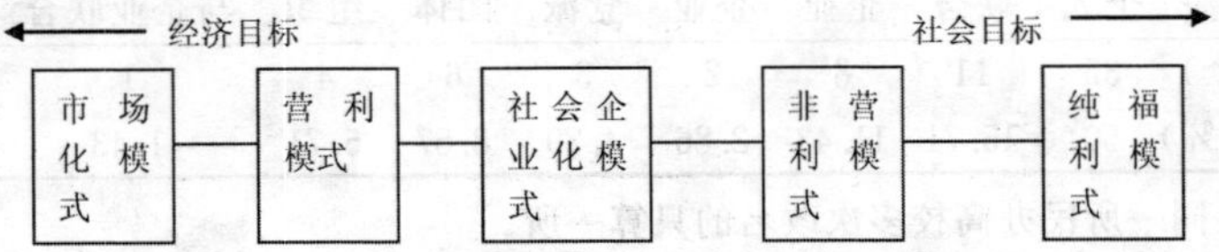

图 3.1　民办高等教育发展模式连续谱

第二节　市场化发展模式的形成机制

当前中国民办高等教育的主导发展模式是什么?答案是市场化发展模式。

市场化发展模式成为中国民办高等教育的主导发展模式,是中国发展民办高等教育的客观环境,以及大多数民办高校举办者主观选择的产物。

中国民办高等教育市场化发展模式是在民办高等教育恢复发展的基本机制的基础上,又与一些特殊机制累加作用的结果。

一、民办高等教育恢复发展的基本机制

国民政府时代曾经辉煌一时的中国私立高等教育,随着 1952 年的

院系调整而销声匿迹。改革开放以后,中国民办高等教育逐渐恢复发展起来。民办高等教育得以恢复发展的基本机制除了第二章谈到的邓小平对教育的关注及对民办教育的支持、国家不断出台政策鼓励民办高等教育发展之外,还有以下方面原因:

(一)高等教育办学主体多元化

改革开放之后,国家希望改变包揽高等教育的局面,以实现办学主体多元化。到20世纪90年代中后期,民办高等教育办学主体多元化的格局基本形成。这从A省各民办高校初创时举办者的身份状况可反映出。详见表3.1:

表3.1　A省民办高校初创时举办者的身份状况

举办者	公民个人	公民联合	民营企业	国有企业	民主党派	社会团体	事业组织	事业组织与企业联合	总计
个数(个)	35	11	8	2	3	6	4	1	70
(百分比%)	50	15.71	11.43	2.86	4.29	8.57	5.71	1.43	100

注:同一所民办高校多次改名的只算一所。

资料来源:①A省教育厅网站、各校网站及笔者实地调查资料。②北京教育科学研究院民办教育研究咨询服务中心.全国民办高等学校及民办高等教育机构名录,2000:239－250.③A省教育厅,《经济世界》杂志社.中国民办学校概览:新华出版社,2001:16－121.

从表3.1可见,A省民办高校初创时的举办者有公民个人、公民联合、民营企业、国有企业、民主党派、社会团体、事业组织以及事业组织与企业联合。其中,公民个人比重最大,占50%,排在第二位的是公民联合,占15.71%,第三位是民营企业,占11.43%,第四位是社会团体,占8.57%,第五位是事业组织,4个,占5.71%,此外,事业组织与企业联合1个,占1.43%。这些数据表明高等教育办学主体多元化已经形成。

(二)社会对高等教育的巨大需求

20世纪90年代初期以前,仍然处于精英高等教育阶段的中国高等教育发展缓慢。大学生占各类学生总数的比例从1952年的0.4%增长到1992年的1.2%,仅增长了2倍;平均每万人口中大学生数从

1952 年的 3.3 人增长到 1992 年的 18.6 人,仅增长了 4.64 倍。与其他国家进行横向比较,中国高等教育发展更显落后:一是从大学生入学率来看,从 1980 年到 1992 年中国大学生入学率远远低于世界平均水平,1980 年,世界大学生入学率平均为 12.3%,中国仅 1.7%,几乎处于世界最低水平,到 1992 年,世界大学生入学率平均为 14.6%,中国只有3.5%,仍然处于世界的后列。二是从 15 岁以上人口受高等教育的比率来看,1980 年中国为 0.6%,远远低于 7.5%的世界平均水平,也低于 73 个发展中国家 3.1%平均水平,到 1990 年中国这个比率增加到1.4%,但与世界平均水平的差距由 1980 年 6.9%进一步扩大为 8.9%。①

不过,从另一角度而言,高等教育的落后意味着民办高等教育有巨大的发展潜力。

新中国成立以来,由于我国初始发展的基础极其薄弱,国家短期内不可能对高等教育有大量投入,而按纯福利模式运行,公办高校无法大规模扩招,并且,加入世贸组织之前,中国人出国留学机会很少,从而使得人们从民办高校寻求教育供给,在国家的自学考试制度下,绝大多数民办高校便以自学考试助考机构的形式产生,向社会提供高等教育。

在整个 20 世纪以前,社会对民办高等教育需求非常大。1984 年 10 月 31 日,河南黄河科技大学的创办者胡大白租用了一间破烂教室开办了郑州市第一个自学考试辅导班。她仅以 30 元起家,发动全家在大街上张贴广告。开学的第一天就来了 143 名学员,很快又增加到 218 人,第二期辅导班增加到 2000 多人,第三期 5000 多人,报名者成倍增加。② 江西大宇学院(今为南昌职业学院)董事长章跃进也曾回忆学院 1993 年创办初期时社会对民办高等教育的需求情况:“当时,招生不用宣传,学生就蜂拥而至。”③

① 高书国,杨晓明. 中国人口文化素质报告:社会科学文献出版社,2004:40.

② 李亚洁. 改革开放 30 年:胡大白——让河南民办教育领跑全国. http://www.zynews.com/2008-03/21/content_488418.htm.

③ 孙春龙. 民办高校难解“招生难”,民办教育风雨生存. http://www.china.com.cn/chinese/EDU-c/735681.htm.

总之，民办高等教育发展的基本机制具备之后，民办高等教育不但得以恢复，而且迎来了90年代的“快速增长阶段”。

二、民办高等教育市场化发展模式形成的特殊机制

民办高等教育恢复发展的基本机制具备之后，又由于一些特殊机制累加作用，最终在20世纪90年代中后期形成了市场化发展模式。

（一）市场成为民办高校唯一的办学经费来源

民办高等教育起步时，面临的一个最基本的国情就是“穷国办教育”。实际上，国家发展民办高等教育的一个初衷也正是基于国情而希望调动民间资金来发展高等教育。而在当时，民办高校只能依靠市场筹集资金，即主要是依靠收取学杂费。不过，这种方式在当时空间非常大。据河南黄河科技大学的创办者胡大白介绍，80年代中期，公办高校教师月工资只有五六十块，而在自学考试培训班，一节课可以挣5块钱，一周上4节课，一月下来挣的钱比工资还高。[①] 民办高校付给教师的工资尚且如此丰厚，那么民办高校所能节余的资金则更多，多数民办高校也正是依靠这种方式实现了资本原始积累。

民办高校办学经费一开始就依靠市场，市场是否会成为民办高校办学经费唯一的来源呢？后来的事实证明确是如此。

1987年国家教委发布的《关于社会力量办学的若干暂行规定》规定，社会力量办学经费自行筹集，学校可向学员收取合理金额的学杂费。

1993年的《民办高等学校设置暂行规定》进一步明确规定，民办高校办学费用由举办者自行筹措，同年的《国务院批转国家教委关于加快改革和积极发展普通高等教育意见的通知》强调指出，90年代，我国高等学校逐步形成国家投资为主、民办自费的形式。

1997年国务院发布的《社会力量办学条例》再次明确规定，企业事业组织、社会团体及其他社会组织和公民个人应利用非国家财政性教

---

① 李亚洁.改革开放30年：胡大白——让河南民办教育领跑全国.http://www.zynews.com/2008-03/21/content_488418.htm.

育经费。至此，民办高校不从国家得到办学经费的合法性在法律上规定下来。

总之，中国民办高校一直都是依靠市场筹集资金，经费来源单一化乃至形成路径依赖，1997 年的《社会力量办学条例》干脆以资金来源来界定民办教育。

（二）教育产业化思想影响

早在上世纪 80 年代后期，已有人明确提出教育是产业，要把教育办成产业的观点。①

教育产业化的含义，既包括理论形态的，也包括实践形态的。实践形态的教育产业化思想，即是纪宝成教授所反对的那样，就是鼓吹要像兴办工商业一样兴办国民教育，要按办企业那样办学校。②

教育产业化思想对中国高等教育发展的影响深广，最突出的表现是 90 年代末期的大学扩招。尽管总体而言，扩招的大方向是对的，但现实中的扩招完全忽视了教育发展的正常规律，是没有经过教育研究的论证便实施的。③ 这个重大教育决策最初最主要的动机是经济因素，而不是发展教育，并且，同期一些部门和地方政府纷纷将高等教育列为新经济增长点，把高等教育作为一个产业来经营，这在世界上是少见的。

毫无例外，民办高等教育的发展逃脱不了教育产业化思想的影响，它不但成为民办高等教育市场化发展模式的主要思想基础，而且民办高等教育受其影响比公办高等教育更早。1999 年公办高校开始教育产业化步伐之时，大兴以民营机制举办的高收费的独立学院即是借鉴了民办高等教育发展的“成功经验”。

① 童大林. 教育是第一位战略产业. 上海高教研究，1987(2).

② 纪宝成. 认清“教育产业化”的理论误导与实践危害. 中国高等教育，2006(9).

③ 林译丛. 教育决策与教育研究初探——反思高校扩招政策的出台. 当代教育论坛，2007(3).

(三)国家未对民办高等教育进行有效干预

尽管我国鼓励发展民办高等教育,并认可它是"社会主义教育的重要组成部分",但至今未对它进行实质性的有效干预,这突出体现在以下两方面:

1.国家未在办学经费方面对民办高校进行有效干预

在民办高校办学经费来源方面,长期以来,国家财政性教育经费只投向公办高校,民办高校没有。[①] 至于银行贷款,公办高校获取银行贷款比较容易,公办高校的银行贷款,少则上亿,多则几十亿,平均每个高校达1亿元以上。与公办高校相比,民办高校财产不能抵押,向银行贷款困难得多,即使有,额度也都非常小,对整个民办高校的支持是非常小的。[②]

在民办高校办学经费支出方面,国家实际处于缺位状态。

2009年7月30日,接受笔者访谈的原A省NZ职业学院院长WKL先生[③]告诉笔者:

> "……这是我的学校,你(教育厅)又没有财务监督,又不交税,我要(合理回报),好啊,我还告诉人家,我要合理回报啊?这学校本身是我的,财务是我的。因为你(举办者)不交税,管着你(举办者)干什么?你(举办者)本身不交税,管得也没劲……因为你(教育厅)也管不到!因为你教育厅也好,监督部门也好,你(教育厅)没有进行财务监督。"

2009年8月20日,接受笔者访谈的A省CS学院督导专员WZW教授告诉笔者,主管部门对民办高校的财务"没有管,基本上没有管",即使目前政府派了督导专员兼党委书记直接常驻民办高校,也监管不

---

① 虽然自2007年民办高校内统招生中的家庭经济困难学生开始被纳入国家资助政策体系,但民办高校的自考生仍被排除在外,并且资助的力度与范围都很小。

② 刘勤果,孙大峰,张蔚文.民办高校融资难及其应对措施.财会研究,2005(6).

③ 该院是1993年创办的,现已倒闭。WKL先生多年以来举办过多所民办高校,至今仍在一所民办高校任职,对A省民办高等教育发展的历史尤为熟悉。

到民办高校的财务。

2. 国家未在教育教学质量方面对民办高校进行有效干预

首先,从办学经费支出结构来看,民办高校用于教学的资金太少。

WZW 教授告诉笔者,2008 年,A 省全省民办高校用于教学的资金只占总收入的6%。2009 年 5 月 21 日,接受笔者访谈的 A 省 DY 学院副院长 ZZY 教授则反问笔者:"这(民办高校用于教学的钱很少)有什么好奇怪的? DY 学院即是这样,2007 年和 2008 年该院每年的招生费用都有二千多万,用于教学的少而又少,课时费加上投入科研的、买设备的、买图书的等等,总共也才几百万元"。

其次,师资建设方面,民办高校往往并不太重视师资队伍建设。

2009 年 7 月 27 日,A 省师范大学前校长、曾经在 A 省 CS 学院任党委书记的 LFQ 教授在接受笔者访谈时,说:"……叫民办学校的举办者重视师资建设,他会公开地说:'用得着吗? 我只要贴一个广告,就会有很多人来应聘!'"通常民办高校的招生宣传资料上,宣称教授副教授若干,博士硕士若干,往往水分较大。师资中有的只是挂个名,有的并不从事实际教学工作,有的只是兼职,甚至有的人已走了,但学校继续用他们的资料。民办高校出于成本考虑,并不聘请很多高职称高学历者,只是装饰性地聘请一些,有不少任课教师只是留校生。

再次,在处理教学与招生的关系时,使教学服从招生。

为了招生,民办高校每年动员几千名学生作为招生员,基本在五月底、六月份高考之前就奔赴各招生点,有不少学生"五一"放假就离校了,一直到九月初开学,甚至九月中下旬还在外面招生,这样,招生学生少上 1 至 2 个月的课。另一方面,每年五六月份,上课的学生比较少,只剩下二分之一到三分之一,甚至更少,有些班主任也招生去了,学生便没有人管。这种让教学服从招生的人力资本培育模式使民办高校的教育教学质量大打折扣,但监管部门只是睁只眼闭只眼。

最后,在实践教学与实习实训方面,并不注重学生的操作技能培养。

2009 年 7 月 18 日,A 省财经大学前校长、曾任 DY 学院校长的 SZL 教授在接受笔者访谈时说:

"(一些民办高校)硬件也不行。这些资本家(指举办者),舍不得投入,比如一些工科的,要有很多很多的设备。他不愿意投入,弄一些过时的设备,装作门面的设备。本来是哪个(所有)学生都应该独立上去操作的,他让十几个人去弄,每个人就是摸一下子。还没有实习基地,就算有实习基地,也只是把一些学生当作劳动力来使用,搞到什么开发区、什么企业去,倒过来要那个工厂给钱,我学生是在这里打工的,结果工厂把学生当作工人来用。"

2009年11月,DY学院模具专业0732班学生BHB同学告诉笔者,他们只在学校的实训中心实习了一个星期,做了一个锤子。他们的技工证只要花85元就可以在学校里买到。另外,DY学院曾在本院就实践教学情况做过一份调查,结果显示,除了艺术学院美术系满意率达63.97%、音乐系的达86.90%之外,全院12个系平均满意率仅41.0%。[①]

LFQ教授也说:

"民办学校的教学设备不完善。本来,学生是来学技术的,既然你是技术学院,就要相应的技术设备。但是,民办学校的老板会考虑,一台数控机床,几百万,几十万,要招多少学生啊?舍不得投资。按理说,职业技术学院的教学,规定理论课是多少,实践课是多少,比如说,理论与实践是六比四,或者五比五,但是,他的设备不够啊,所以还是更多地讲理论。毕业之后,还是很多东西不会。那么学生的实践课怎么办呢?有的学校就是帮学生联系实习基地。有的学校联系了实习基地,学生去实习,交多少钱一次。本来,我来上你的学校,学费里面就包括了实习的费用,怎么能还让学生掏钱呢?有的为了应付评估,就到某工厂,给老板一点儿钱,挂一个实习基地的牌子。教育厅来检查,虽然我校没有实习基地,

① 资料来源:A省DY学院教务处2006年3月教学服务情况调查。

但是我有合作的实习单位。这些实习基地,都是私人老板的,得到一些钱,就是挂一个牌子,有什么不好的?反正他们应付检查是有一套办法的。”

A省CS学院的督导专员WZW也告诉笔者:“据我了解,绝大多数民办高校最后半年能够实习的非常少,从我这个学校来说,只有20%。”

总之,由于国家未在办学经费与教育教学质量方面对民办高校进行有效干预,导致民办高校培养的人才的人力资本存量不高,竞争力较弱,因而并不能让一些单位满意。

2009年10月22日,F省ZY集团人力资源部徐老师在接受笔者电话访谈时说:“……(民办高校)学生啊,比如数控专业,大学生要学会一些简单的机床操作、维修之类的,要具备相关的技能。但是现在学生的技能还是不够。学生在学校学的一些东西还是太多太杂,能够用得到的东西还是很少。”

2009年11月11日,A省NC市矿山机械有限公司人力资源部LSD经理接受笔者访谈时说:“首先,民办高校学生当时入学的话,基础啊,有点影响,另外,民办学校的教学呢,也是不太乐观,有很多民办学校的质量啊,要差一点儿,设施方面啊,也要差一点儿。”他们公司至今尚未聘过民办高校的毕业生。

(四)绝大多数举办者的办学目的是营利

尽管教育法规规定,举办者“不得以营利为目的”,并且法律迫使举办者只能捐资办学,无改绝大多数举办者的办学目的是营利的事实。

就全国来看,1998年10月至1999年2月,全国人大教科文卫委员会教育室曾对全国20个省份的82所民办学校进行问卷调查,表明,民办学校举办者的资金投入中,66.2%属投资性质,23%为借贷性质,捐赠性质的只有10.8%。[①] 这也就是说,绝大多数举办者的办学目的

① 全国人大教科文卫委员会教育室,香港大学中国教育研究中心.民办教育研究与立法探索:广东高等教育出版社,2001:42—43.

是营利①。

WKL 先生对于多数举办者的办学目的是营利的评价更是一语中的:“说不以营利为目的,其实就是以营利为目的!不赚钱谁办学?”

笔者实地研究的 DY 学院和 NT 学院也充分证实,举办者的办学目的就是营利。举办者的营利目的涉及到办学行为的每一个环节,如果举办者不是出于营利目的,根本无法解释他们的行为。这两所民办高校属全国办得较好的,具有较强的代表性,它们尚且如此,更不用说其他民办高校了。

由于中国绝大多数民办高校举办者的办学目的是营利,乃至有人认为“投资办学”是中国民办高等教育的本质特征②。绝大多数民办高校举办者的办学目的是营利,这也对民办高等教育发展造成了重大影响,既导致政府,尤其是地方政府认为没有义务资助民办高校,也使民办高校失去了获得社会捐赠的合理性,大大限制了民办高校的生源。

综上,改革开放以后、21 世纪之前,由于邓小平支持民办教育发展,国家不断出台政策鼓励,高等教育不再由国家包办,实现了办学主体多元化,加上当时社会对高等教育有巨大需求,因而民办高等教育很快恢复发展起来。然而,凡事有两面,民办高等教育发展的基本机制具备之后,由于民办高校除了能从市场获得办学经费外,很难获得国家足够的财政资助,教育产业化思想又使得高等教育,尤其是民办高等教育几乎完全变成了一个产业,并且国家没有对民办高校进行有效干预,加之绝大多数民办高校举办者并非出于公益之心,而是把举办教育作为牟利的工具,因此,民办高等教育市场化发展模式的形成便成为必然。

第三节 市场化发展模式的特征

90 年代中后期,中国民办高等教育形成了市场化发展模式。这种

① 笔者认为,“取得合理回报”、“营利”、“以营利为目的”等之类的说法没有本质区别。

② 邬大光. 投资办学:我国民办教育的本质特征. 浙江树人大学学报,2006(6).

发展模式在中国表现出了鲜明的特征。①

一、以市场需求为导向

由于中国民办高校办学经费主要依靠市场,来源单一化,因而必然表现出以市场需求为导向的特征。这主要体现在以下方面:

(一)学生入学无门槛

目前民办高校提供的高等教育有两种:一种是统招(主要是专科),一种是自考。统招需要一定的高考成绩,通常最低控制线比公办专科院校不止低五六十分。2010年A省高考卷面总分为750分,而民办高校统招分数,文史类最低控制线仅203分,理工类最低控制线140分。学生读自考则无分数限制。一般来说,除了少数往届高中毕业生和高中辍学生外,民办高校自考生高考分数比民办高校统招生的分数还要低几十分,只要他们能支付学费即可。他们在校期间除了考试试题不是由民办高校出之外,所接受的实际上是跟统招生相类似的全日制学历教育。因此可以说,民办高校入学几乎无门槛。

(二)专业设置热门化

专业设置热门化是民办高校以市场需求为导向的最突出特征。就业市场有什么专业就业形势好,就开设什么专业,一般没有诸如请专家先来论证可行性之类的程序。近年来模具、数控、建筑等专业毕业生就业形势好,民办高校很快就设置,只要学生足够多,班级也设置很多,专、兼职专业教师的聘请则根据学生情况而定,一些冷门专业则不开设。民办高校重视设置热门专业,同时允许学生可以选择任何热门专业,并且可以在一定时间内自由换专业,这的确对有的学生很有吸引力。很多农村学生选择民办高校也正是看中了专业好,利于就业。

(三)重视提高低质量的就业率

民办高校在招生宣传期间就承诺保证学生能就业,并且可以签订就业协议保证书,甚至有的承诺如果毕业找不到工作,则发一年或两年的基本生活费。总的来说,民办高校的就业率都比公办的要高,就业率

① 查明辉.论民办高等教育市场化发展模式的特征.黑龙江高教研究,2011(2).

一般都在90%以上。为提高就业率,民办高校比较重视就业保障工作。比如,一般学校都会设置就业推荐办,规定班主任要承担若干学生的就业推荐工作,或举办一些招聘会,跟一些中小企业合作搞“定单式”培养等等。不过,民办高校虽然就业率很高,但就业质量低。毕业生通常是进入次级劳动市场,获得的体制内就业机会非常小。2009年10月21日,NT学院08届物流管理专业自考毕业生WL同学告诉笔者:“学校里推荐的工作都特别垃圾,还不是一般地垃圾,而是特别特别垃圾。”

民办高校办学以市场需求为导向,的确也使一些民办高校借此得到发展,承担了一些社会功能。但这种办学以市场需求为导向也存在缺陷,比如,大量对高等教育有需求,但是没有支付能力的人,民办高校是不管的;民办高校在各方面条件欠缺的情况下大量设置热门专业,一方面形成了人力资本存量低,另一方面很快就使人才市场的一般技能人才需求过剩。

二、以招生工作为中心

民办高校以招生工作为中心,这是市场化发展模式最突出的特征,表现在以下方面:

(一)充分的招生准备

首先准备招生员。招生员主要由本校的教职工和学生以及校外的招生代理组成。民办高校的教职工除了暑期留在本校从事接待工作的,一般都要求外出招生。所以,一部分教职工是民办高校招生队伍中比较稳定的力量。至于招生员中的学生则每年很不固定,大都是新生参与招生的积极性非常高,学校主要采取招一名学生付多少钱的方式吸引大一学生参与招生,这对一些家境一般的学生非常有吸引力。民办高校每年准备的招生员数量非常大,学校也希望参与人数越多越好。比如,A省DY学院每年招生员都在三千人以上,覆盖全国大部分县城。

其次传授招生方法。经过十几年的招生实践,民办高校已经摸索出一整套非常成熟的招生办法。A省民办高校的招生办法主要有:(1)网络法。就是要求招生员建立一个有效的网络,具体来说,就是要找到10个老师、10个同学、10个朋友、10个亲戚，让这些人帮助招生员作宣传。为了建立网络，可以采取让利的方式，比如，某高中班主任招一个学生，可以获得500～1000元的劳务费。(2)倍增法。就是让招到的第一名学生再去帮助招生员招生，采取以学生带学生的方法。为了让学生帮助招生，可以给一定的费用，比如，招一名学生给100～200元。(3)双赢法。就是要求招生员学会多听少说，让学生说，不要否定学生的看法，先要肯定学生说的话，让学生高兴，在心理上接受招生员，再向学生说明选择读本校的原因。(4)分析比较法。就是让招生员帮助学生分析高考后面临的选择：对复读、打工、不读书、读本校这四种选择逐一分析，复读、打工、不读书都不是最好的选择，只有读本校是最好的选择。

再有，传授学生招生的步骤，一般为：(1)在招生点选一个比较显眼的固定住所，便于家长与学生来咨询。(2)准备好印章，在学校配备给招生员的宣传资料上印上招生员的手机号，利于学生打电话咨询。(3)到高中去宣传。重点去普通高中，学生分数越低的越好，并争取到班里去宣传，与学生见面，哪怕时间非常短也好，还要收集班上的名单和有效联系方式，这个名单与联系方式至关重要。为争取高中班主任的支持，可以请班主任吃饭，让利给班主任。(4)高考的时候宣传。高考的时候可以重点做宣传，适当地向学生发放资料，不能无目的发放，资料永远是不够的。(5)高考结束后，在规定的时间内，请学校的校长、教务主任、班主任免费到学校来参观，车费食宿等费用全部由学校报销，并由学校派专人安排接待工作。(6)6月下旬招生员带学生来校参观。注意，只带分数不高的学生来参观，吃住行全免费。所以，学校要求招生员：凡是来参观的学生必须有20%～50%的来校上学。(7)7月1日之前可以带学生来报名缴费。凡是交清学杂费的可优惠1000元。(8)做好专科第一次填报志愿的工作。最好叫学生填唯一志愿，如不填第一志愿的可填第二志愿。可劝第一志愿报一个比较好的公办专科，这样“撞车”的可能性很大，被本校录取的机会就大。(9)8月初到8月中旬招生员带领新生入学，有一个带一个。到校之后学校的第一批军训也要开始了，这时要完成一半招生任务，否则很难最终完成招生任务

（定点招生的任务为5个）。(10)8月中下旬，专科录取，做好补录和点录。这时候，学生没有上公办的机会了，有补录对学生非常重要。把一些上了分数线的并且没有被任何学校录取的学生报到学校，予以补录或点录（另外，每年9月份还有一次补录机会）。最后，9月下旬招生员再撤回学校。

（二）投入较长时间

民办高校所投入的招生时间非常长，除了最紧张、最集中7月、8月，实际上，前后延伸的时间更长。每年2月中下旬开学，2月底、3月初就开始动员；招募到人员后，3月份开始进行招生培训，传授招生的经验与方法；4月底、5月初招生员开始利用“五一”长假到招生地进行“采风”（初步宣传），然后回校继续上课（当然不少学生也不回来上课了）；到5月底，所有的招生员都奔赴各招生点，赶在高考放假前对高中生进行宣传，尤其是收集学生的联系电话等一些有用的信息；7月、8月是招生的黄金时期，尤其是在高职高专第一次填报志愿、第二次补报志愿的前夕；一直到9月中旬，招生员才陆陆续续停止招生工作。如此算来，民办高校用于招生的时间达6～7个月。

（三）花费巨额招生费用

民办高校花费的招生费用是民办高校办学成本中非常大的一项支出，从以下方面可以看出。

陕西省社会力量办学管理中心书记李维民在2004年12月接受《瞭望东方周刊》采访时称，因为招生困难，民办高校的招生投资日益加大，2003年陕西民办高校的招生投资已由1998年的1600万元猛增到近亿元。[①] 1998年陕西民办高校招生1.52万人[②]，2003年招生5.5万

① 孙春龙．民办高校难解“招生难”，民办教育风雨生存．http://www.china.com.cn/chinese/EDU－c/735681.htm.

② 郝瑜．陕西民办高等教育的发展现状、问题与对策．西北大学学报，2004(1).

人[①]。那么,陕西民办高校平均每名学生所投入的招生费用已由1998年的1000余元上涨到2003年的1800多元。

2004年9月13日,北京教育咨询与投诉中心魏红林主任在接受记者采访时说,由于近年来民办学校的招生竞争激烈,导致一些学校"抢夺"生源。北京民办高校招生成本比较大,招一个学生平均花费在3000元左右。[②]

据潘懋元先生研究,民办高校招一个学生要花2000元的成本费。[③]

WZW教授告诉笔者,2008年A省民办高校用于招生的经费占总收入的20%。

总之,除北京民办高校由于办学成本高,需要更多的招生费用外,其他地区民办高校大约每名学生的招生成本为2000多元,占新生当年学杂费的20%以上。

(四)严格监控招生进程

民办高校非常重视监控整个招生工作进程,及时根据招生过程中出现的新问题调整招生政策。

为对招生工作进行有效监控,民办高校一般有一个完整的招生体系。最基层的招生员对招生小组长负责,一般一个县有若干个小组长;小组长对组长负责,一般一个县或市设一个组长;组长对"省长"负责,一个省设一名负责本省招生的"省长";"省长"对主管招生的副院长负责,有的学校各"省长"直接对董事长负责。各民办高校的董事长(通常是举办者)大都是招生工作的最高领导人。民办高校形成了一个金字塔式的招生体系,这既是一条组织链,也是一条利益链,各级领导能有

① 根据2002年陕西民办高校在校生15万人和2003年底陕西民办高校在校生20.55万人统计计算所得。资料来源:雷克啸.陕西民办高等教育考察报告.广东工业大学学报:社会科学版,2003(2);国家教育部老干部调研组.陕西省民办高等教育考察报告.教育研究,2003(7).

② 张明浩.今年民办高校招生投诉缘何未见减少.http://www.people.com.cn/GB/jiaoyu/1055/2795126.html.

③ 潘懋元.民办高等教育持续发展问题.浙江树人大学学报,2006(4).

效地监控招生工作的全过程。

民办高校各级领导对招生工作的监控主要有这些方式:(1)发信息。民办高校要求招生员的手机24小时待机,以便学校把有关招生的重要信息及时传递给招生员。(2)开会。民办高校有关招生的会议在整个招生过程中会多次召开,包括招生工作开始之前的招生动员、填报志愿前、补报志愿前等重要时刻,都会召集招生员或招生组长开会,并且凡是有关招生的会议,民办高校举办者一般都会亲自参加。(3)招生领导到各地巡视检查。民办高校各个负责本省招生工作的"省长"会经常到各招生点巡查招生情况。

(五)对招生业绩赏罚分明

民办高校对招生有严格的奖惩措施。

1. 奖励方面。所有民办高校都给招生员以招一名学生获得若干费用的奖励,被称为"爱校奖"、"劳务费"或"差旅费"之类。近年A省民办高校给招生员的奖励一般为1000元到1500元不等,招得越多,额外奖励也越多,这对一些家境不太好的大学生非常有诱惑力。再有,对学生的奖励便是让招生业绩好的毕业生留校,从事班主任一类的工作,留在民办高校工作也非常吸引人。不过,从现实来看,激烈的招生竞争使参与招生的学生亏多赚少,赚大钱的只是少数人,因而,大二学生参与招生的数量大大减少。当然,招生"金字塔"顶端的民办高校高层领导(如"省长"、副院长等)每年大都收入不少,一般教职工能保本或小赚一些就算不错了。

2. 惩罚方面。这主要是针对从事招生工作的教职工。民办高校除了留校接待者之外,教职工大都有招生任务。不从事招生工作的专职教师,暑期每月只发几百元的基本工资,或者解聘;参与招生工作、但完不成任务的教职工,扣工资或者解聘。这给一些民办高校专职教师很大的压力,他们很难解决教师与招生员之间的角色冲突,大都是为保住饭碗迫不得已去招生。

总之,在国家对民办高校的财政资助非常少的情况下,招生始终是民办高校的直接生命线,这在很大程度上决定了民办高校要以招生工作为中心。

三、人力资本培育处于次要位置

民办高校大都定位在高等职业技术教育,培养职业技术人才。高等职业技术教育极其重要的目标是培育学生的人力资本,以适应就业市场的需要。然而,民办高校的人力资本培育处于次要位置。

首先,既然民办高校把招生工作作为中心工作,人力资本培育很自然地处于了次要位置。

其次,第二章所述的民办高校没有足够重视师资队伍建设,教学投入不足,不注重培养学生动手能力,使教学工作服从于招生工作等方面,都可以充分反映出,民办高校并没有把培育学生人力资本放在主要位置。

总之,截止到2013年,民办高校首先重视的并非学生的人力资本培育,因而毕业生人力资本存量低,有些用人单位并不满意。

四、进行严格的成本核算

在市场化发展模式下,民办高校具有极强的成本意识,注重进行严格的成本核算,因而宏观数据显示出民办高校比公办高校具有更高的经济效益。

生均经费是反映高校成本状况的最主要指标,首先看民办普通高校与公办普通高校生均经费状况。见表3.2:

表3.2　2004～2011年民办普通高校与公办普通高校生均经费比较

年份	民办普通高校(元)	公办普通高校		民办普通高校生均经费占公办之比重	
		总计(元)	中央所属普通高校(元)	占总计(%)	占中央所属普通高校(%)
2004	10036.14	14962.77	24079.74	67.07	41.68
2005	11476.54	14928.92	24847.23	76.87	46.19
2006	9815.37	15025.47	26975.19	65.32	36.39
2007	9486.19	15332.80	27053.96	61.87	35.06
2011	10841.48	20497.92	39372.30	52.89	27.54

资料来源:《中国教育经费统计年鉴(2004～2011年)》。

表3.2显示，2004年，民办普通高校生均经费10036.14元，仅占公办普通高校的67.07%，仅占中央所属普通高校的41.68%。到2011年，民办普通高校生均经费仅比2004年增长了8.02%，而同期公办普通高校的增长了36.99%，中央所属普通高校增长了63.51%。因而，民办普通高校生均经费占公办的比重进一步下降。由此可见，民办高校培养大学生的成本非常之低。从笔者对民办高校调查的现实情况看，民办高校办学成本低是进行了过度严格核算的结果：一方面，民办高校基本不存在铺张浪费；另一方面，民办高校对该投入的投入不足，比如，有的办公用品不添置、教师的社会保障制度不健全、教师超强度工作但所得的报酬却很低、配备的教学设施不全、开设的课程及课时打折扣等等。

其次，从教育经费支出方面把民办高校的成本核算与公办高校的进行比较。教育经费支出包括事业性经费支出与基建支出两个二级指标。其中，事业性经费支出又包括个人部分与公用部分，从三个方面来看：(1)事业性经费支出中的个人部分占总支出的比重，2004年，民办的为18.52%，公办的则为37.91%，民办的远低于公办的；2005～2007年情况基本相同。随着近年来公办高校加强内部改革与管理，效益有所提高，但2011年民办的个人部分支出占总支出的比重仍比公办的低12.16%。(2)基建支出，2004年，公办普通高校基建支出占总支出的18.81%，而民办的比重为41.43%，民办比重是公办的两倍多；2005～2007年的情况也基本相同。近年来，一方面，公办与民办高校新校区建设大体完成，另一方面，社会力量投资办学的大大减少。因而，民办高校与公办高校在基建支出方面的差别已大幅度减小。(3)事业性经费支出中公用部分，2004年，民办的占总支出的40.05%，比公办高校仅低3.23%；2005～2007年两者相差也并不大。从这个角度可见，公办高校比民办高校的经济效益要稍高一点儿，但这是民办高校基建支出比重过大挤压的结果。不过，到2011年，民办高校的公用部分支出占总支出的比重已超过公办的11.02%。表明，民办高校在此方面开始表现出了更高的效率。

总之，严格的经济核算使民办高校比公办高校经济效率高出很多。

详见表 3.3:

表 3.3　2004—2011 年公办与民办普通高校教育经费支出比较　(单位:百分比)

	事业性经费支出占总支出比							基建支出占总支出比	
				个人部分占总支出比		公用部分占总支出比			
年份	总计	公办	民办	公办	民办	公办	民办	公办	民办
2004	100.00	81.19	58.57	37.91	18.52	43.28	40.05	18.81	41.43
2005	100.00	81.20	55.86	37.98	19.09	43.22	36.77	18.80	44.14
2006	100.00	83.63	58.38	39.13	18.65	44.50	39.73	16.37	41.62
2007	100.00	85.67	64.97	39.64	19.43	46.03	45.54	14.33	35.05
2011	100.00	95.63	94.48	40.45	28.29	55.18	66.20	4.37	5.52

资料来源:《中国教育经费统计年鉴(2004～2011年)》。

五、举办者处于权力的核心

举办者是民办高校的创办者,是民办高校的关键因素,也是市场化发展模式的基本要素。举办者处于民办高校权力的核心位置,这既是中国民办高校最明显的不同于西方非营利私立高校的特征之一,也是与我国公办高校的最大差别之一。

截止到 2013 年,A 省民办高校都成立了董事会,由举办者任董事长,都聘有校长或曾聘有过校长,教育主管部门向各大民办高校都派出了督导专员兼党委书记,形成举办者、校长和督导专员(兼党委书记)的所谓“三驾马车”的领导管理体制。但是在似乎完善的分权制度和制衡机制下,并没有影响举办者仍处于民办高校权力的核心位置。

举办者、校长和督导专员之间的职责分工是:举办者负责办学经费的筹集,并不负责日常事务;校长负责学校的教育教学和行政管理工作;党委书记兼督导专员依法引导、监督学校的办学方向和办学质量。尽管制度规定得非常完美,但现实实行中却是另外一番景象。

首先,在人员聘用方面,按规定不应是举办者的权力,而是校长的权力,但是目前一些民办高校由举办者说了算,校长无权过问。

WZW 教授告诉笔者:“现在呢,别说任命干部了,就算一个办事员,一个扫地的清洁工,都要经过董事长(举办者)来批。”

其次，财权也由举办者控制。SZL 教授告诉笔者，他任 DY 学院校长期间，要求提高教师待遇，校长办公会通过了，董事会也通过了，但是举办者就是不批。

由于民办高校的校长既没有人事权，也没有财权，与公办高校大相径庭，所以很多民办高校校长都不愿意继续干，最终离开民办高校，出现校长频繁更换或者长期空缺的现象。民办高校校长都无权，更勿论其他教职工了，大家都自认在民办高校是“打工的”，包括民办高校的校长、副校长等校领导。

与举办者处于权力的核心位置密切联系的是，民办高校大都采用家族式管理。通常，举办者处于权力“金字塔”的顶端，紧接着的是举办者的家族成员帮助管理整个民办高校。比如，A 省 DY 学院董事长的妻子任管财务的副院长，他的弟弟任管人事的副院长，他的姑妈任管后勤的副院长，他的舅舅任图书馆馆长，等等，学校的核心职位都由举办者的家庭成员掌控。民办高校采取这种管理方式，与中国民营企业相类似。①

六、绝大多数举办者以营利为目的

在市场化发展模式下，绝大多数举办者就是以营利为目的，这既是市场化发展模式形成的重要机制之一，也是市场化发展模式的一个重要特征。中国民办高校举办者绝大多数办学目的是营利，对中国民办高等教育发展造成了重大负面效应。

一是导致地方政府认为，民办高校是要营利的，跟企业没有什么太大区别②，地方政府自然没有义务去资助民办高校。

二是使民办高校失去了获得社会捐赠的合理性。既然民办高校是营利性的，很自然无人愿意捐款给一个营利性组织。一些人总羡慕美

① 据统计，中国 75％的民营企业采用了家族式组织和家族式管理。资料来源：卢现祥. 中国的家庭产权安排、家族式管理与资本积累. 世界经济，2003(1).

② A 省 NT 学院举办者曾被评为 A 省十佳企业家之一，一定程度上反映了当时政府与社会对民办高校属性的评价。

国许多私立高校能获得校友、慈善家的巨额捐助，而中国却凤毛麟角，其实，这是中国民办高校的现实属性（或者说是人们所判定的属性）决定的。

三是大大限制了民办高校的生源。尽管民办高校也有统招指标，近年来也有国家奖学金和国家助学金，甚至有的民办高校的硬件与软件比有的公办高校要好一些，但广大学生及家长通常都是先选择公办的。一些近年由中专升格上来的公办高校与历史更长的民办高校进行招生竞争时，都强调自己是“公办的”。

综上所述，在民办高等教育市场化发展模式下，绝大多数举办者的办学目的是营利，正是出于利益最大化的追求，民办高校才会以市场为导向，以招生工作为中心，才会把人力资本培育放在次要位置，才会进行严格的成本核算，也正是出于利益的争夺，民办高校举办者才会牢牢掌控民办高校的权力，独居民办高校权力的核心。在市场化发展模式下，中国民办高等教育目前整体而言仍然处于中国高等教育的边缘位置，并有进一步被边缘化的趋势。中国民办高等教育市场化发展模式如不转型，其发展前景堪忧。

第四章 市场化发展模式面临的挑战与理论解释

中国民办高等教育市场化发展模式曾经一度辉煌,创造了“社会办学火爆,一天一所学校”的局面。然而,20 世纪末以来,除了独立颁发学历的民办高校数在缓慢增长外,学历文凭考试试点高校随着 2004 年教育部宣布取消学历考试制度,很快便不复存在,其他民办高等教育机构也在逐年减少。受 2008 年开始的美国金融危机等因素的影响,2009 年 A 省民办高校的招生困难明显凸现出来:NT 学院此前每年招生都在二万人左右,2009 年减少到一万二千余人;DY 学院此前每年招生都在八千人左右,2009 年只招四千余人。近几年,A 省各民办高校的招生数都在逐年减少。截止到 2012 年,A 省民办高校在校生数已由 2008 年的二十万人降到十六万余人,另外,其他民办高校招生数都大量减少,不具备学历教育资格的专修学院更是在倒闭的边缘挣扎。本章将论述民办高等教育市场化发展模式面临的挑战,并从理论上予以解释。

第一节 市场化发展模式面临的挑战

自大学扩招以来,中国高等教育领域发生了深刻的变化,加之市场化发展模式的内在问题,中国民办高等教育市场化发展模式遭受了前所未有的挑战。

一、民办高等教育发展的外部环境的巨变

民办高等教育市场化发展模式面临的首要挑战是，从 20 世纪末开始，民办高等教育发展的外部环境发生了以下几方面的巨大变化：

(一)高等教育服务供给相对过剩

高等教育服务供给相对过剩在于，高等教育服务供给大大增加的同时，需求相对减少。

高等教育服务供给的增加除了主要来自于公办高校大规模扩招和独立学院兴起之外，还有以下两方面原因：

第一，公办高校的"探底竞争"。

所谓公办高校的"探底竞争"(race to the bottom)，即一些公办高校并不把国内或者国际一流的高校作为竞争对手，而主要是把民办高校作为竞争对手，从而形成"探底竞争"。其主要表现，一是一些公办高校大办自考助学班，二是公办高校也举办高职学院。公办高校之所以热衷于举办这些形式的教育，主要是因为成本低，赚钱多，竞争轻松容易。

第二，公办中等学校大兴升格之风。

21 世纪初，一些中专、技校、职校也纷纷升格为职业技术学院。2001 年全国职业技术学院 386 所，到 2012 年增长到 1297 所[①]，是 2001 年的 3.36 倍，其中公办的是增长的主体，这些公办高职院校分流了大都处于高等职业技术教育层次的民办高校的大量生源。

高等教育服务需求相对减少主要有两方面原因。一是实行计划生育政策使入学人口大大减少。2012 年，全国普通高中学校数已减少到 1978 年的27.45%，在校生仅为 1978 年的 37.51%；初中学校数减少为 1978 年的47.08%，初中在校生比最高峰的 2003 年净减 1927.69 万人。二是一部分有钱人选择国外高等教育。进入 21 世纪，尤其是中国加入世界贸易组织以来，中国高等教育开放程度大大增加，国内越来越多的有钱人开始选择国外高校就读，每年输出的留学生均在 10 万人以

---

① 资料来源：教育部网站 http://www.moe.edu.cn。

上。2012年我国自费出国留学人员再创历史新高，达到了37.45万人。①

此外，由于在高等教育成本分担中，学生负担的成本增长过快，导致一部分学生放弃接受高等教育。

（二）高等教育领域的恶性竞争

在高等教育服务供给已相对过剩的情况下，各高校，尤其是民办高校为求得生存便相互竞争，但由于缺乏国家的有效干预，不可避免地出现了恶性竞争，这突出表现在招生方面上。

1.付招生“回扣”

目前在中国高校“金字塔”底端的高校，为争取生源，其招生员大都与高中毕业班的班主任“结盟”，以招一名学生若干“回扣”的方式鼓励高中班主任帮助本校招生。“回扣”近年来已水涨船高，由最初的两三百增长到一千多元。这种以付“回扣”招生的方式早已是公开的秘密，越演越烈，目前甚至演变到民办高校不付“回扣”给高中班主任已很难招到学生。一些高中老师热衷于当班主任，也正是出于利益考虑。一些公办专科院校，尤其是中专升格而来的公办高校同样也要付“回扣”给高中班主任才能招到学生。

2.欺骗宣传

欺骗宣传是各校招生员常用的手法之一，要么故意隐瞒学校性质，使一些考生误以为是公办高校，要么有意混淆教育类型，把自考说成是统招，把专科说成是本科，要么夸大宣传，等等。欺骗宣传直接引发了2006年江西的服装学院事件和赣江学院事件。

3.互相中伤

一些招生员为达到招生目的，不惜恶意中伤竞争对手，比如造谣说某校管理不善，学生经常打架打死人，或者学生吸毒等等。

4.欺行霸市

一些回生源地招生的招生人员往往采用种种手段排斥外来的招生员，没有本地人的帮助，外来招生员很难在当地立足。

① 高毅哲，纪秀君．去年近40万人出国留学．中国教育报，2013-03-01.

总之,各高校进行无序恶性竞争,无异于饮鸩止渴,造成了中国高等教育领域的严重内耗,既增加了各高校的负担,也增加了人民群众的上学成本。

(三)高等教育的预期回报率大大降低

21世纪以来,中国高等教育迅速走向大众化,由培养社会精英转变为主要培养普通劳动者,预期回报率大大降低。

第一,大学生就业难问题开始凸现。2003～2005年全国普通高校毕业生平均就业率不到72%[①]。截止到2010年7月1日,全国高校毕业生就业率仅为72.2%[②]。近些年来,一些大学生"毕业即失业"。

第二,就业大学生工资水平持续走低。2003年高校毕业生起薪仅相当于2002年平均水平的60%左右,2004年大学毕业生的起薪仅相当于2003年平均水平的70%左右,其中月薪在1000元以下的占50%以上。[③] 2009年中国社科院的《2009人口与劳动绿皮书》显示,大学毕业生与有经验的青年农民工的工资待遇有趋同的趋势。事实上,在当下,技能型的农民工工资超过普通大学毕业生的现象已经不是新闻了。

第三,随着城市房价飙升,"买房难"已成为一个严重的社会问题,而不买房则很难扎根城市,很难面对结婚、子女入学等现实问题。因而,普通大学生已很难融入城市社会,实现向上社会流动。

总之,高等教育的预期回报率大不如前,直接导致一部分人丧失对高等教育的兴趣,有些直接弃考。

二、政府角色不当

从理论上说,市场成为配置资源的基础地位或者决定性地位,都要求政府在民办教育发展过程中充当好鼓励的角色和监管的角色,不宜越位或缺位。在民办高等教育发展的外部环境比较宽松的情况下,政

① 2003至2005全国普通高校毕业生平均就业率.中国青年报2006年12月18日.

② 吴晶.教育部:截止7月1日全国高校毕业生就业率72.2%.新华网2010年7月21日.

③ 招聘本科生每月600元,大学生就业遭遇薪酬困境.中华网新闻网 http://news.china.com/zh_cn/finance/11009723/20050427/12273142_1.html.

府的角色不当似乎并不重要，但在环境发生巨变的情况下，政府的角色不当则明显形成市场化发展模式的又一巨大挑战。

（一）政府缺位

政府在民办高等教育发展中的缺位现象主要体现在以下方面。

1.没有明确区分民办高校的现实属性

截止到2013年，政府并未按民办高校的现实属性，把它区分出营利性与非营利性。实际上，做出这样的划分是极其重要和关键的。

第一，有利于民众做出选择。民办高校应当被划分为非营利性的与营利性的。因为对于学生及家长来说，如果一所民办高校是非营利性的，自然会放心地选择就读，慈善家也会放心地捐款；如果它是营利性的，在有效监管的情况下，对于举办者来说，他就必须把学校教育教学质量提高，否则没有人愿意就读，办出水平办出特色，学生及家长也会选择，新东方学校即是最好的例子。

第二，区分民办高校属性才能正确反映现实。尽管中国民办高校举办者多数是要营利的，但是目前毕竟还有少数举办者并不想要营利，而是全心全意把民办高等教育作为一项事业来追求。

第三，不区分民办高校属性所带来的恶劣影响非常大：伤害和打击了捐资办学者的积极性；挫伤了不谋个人利益的办学者的积极性；带来投资办学的混乱局面；加剧了民办学校的不公平竞争；促使民间办学向营利性方向发展。[①]

2.没有较好地解决营利性民办高校的产权问题

由于没有对民办高校进行区分，很自然使营利性民办高校的产权问题长期被搁置了起来。合理解决民办高校的产权问题，不仅对于需要产权激励的举办者非常重要，对于整个中国民办高等教育的发展也是如此。

经过三十多年的发展，很多民办高校拥有上亿元资产，民办高校的产权问题也渐渐成了热点问题。产权分歧最主要还是集中在政府与营利性民办高校举办者之间对于以前积累的资产的产权归属问题。对于

① 邵金荣.中国民办教育的多元化与法制化:高等教育出版社，2001:32－37.

政府来说，它认为民办高校的财产基本上来源于学生，而非举办者，并且政府从来也未承认民办高校的产权归举办者，所以政府要开始真正规范民办高校的时候，就要使产权归民办高校这个组织本身（当然也不便于归政府，因为长期以来政府几乎没有什么财政投入）；对于举办者来说，他们认为民办高校的资产是他们精心经营得来的，是付出了大量心血的，而且也有少量初始投入，所以民办高校的产权非他们莫属（当然举办者也很少提及他们享受了税收优惠）。

双方分歧的再一个焦点就是合理回报问题。政府允许民办高校取得合理回报，但是有一系列的复杂手续，实际上营利性民办高校很难合理合法地取得回报；另一方面，举办者取得回报，又希望享受税收优惠，不受工商、税务等部门干预。

实际上，政府在发展民办高等教育中的角色，最主要的应是监管教育教学质量和财务，产权只是一种激励方式，并不在于举办者拥有，还是民办高校拥有。只要政府未有效监管民办高校的教育教学质量和财务，即使所有民办高校产权实属民办高校，也无法说明政府角色是适当的。

3. 未营造公平竞争的环境

目前，政府并未为民办高校与公办高校营造一个公平①竞争的环境。

(1)办学经费方面

一是国家财政性教育经费方面：公办高校有，民办高校极少；二是银行贷款方面：公办高校易，民办高校难。

(2)招生方面

截止到 2013 年，我国高考招生是按一本、二本、三本、高职高专的顺序进行，绝大多数民办高校在最后批次招录。这在无形中给中国高校划分了等级，民办高校大都划入最低等级。

(3)教职工权益保障方面

与公办高校相比，民办高校教职工的权益没有得到较好保障，成为

① 景天魁. 论“底线公平”. 党政干部文摘，2006(7).

导致师资队伍不稳定的主因。

一是工资收入方面。一般来说,同等学历的普通教师,民办高校的与公办高校的相差并不大,但是民办高校教师的收入是建立在工作任务繁重得多的基础之上的;公办高校的班主任或辅导员收入与教师差别不大,而民办高校的班主任或辅导员工资则要低很多。

二是休息休假方面。民办高校教职工无法享受公办的同等待遇。每年暑假两个月,民办高校教职工必须工作,要么在学校从事接待工作,要么外出招生,否则扣工资或者解聘。除了暑假,平时的国家法定节假日,有些民办高校也难以保障教职工休息,教职工必须随时待命。

三是其他社会权益方面。民办高校教职工在养老、医疗、失业、住房公积金、子女入学、职称、教师进修等方面的权益仍然不能与公办高校相提并论,尤其是劳动雇佣关系方面。公办高校的教职工一般不存在被“炒鱿鱼”的现象,相比之下,民办高校的劳动雇佣关系则很不稳定,有的民办高校不与教职工签订劳动合同,有的民办高校即使与教职工签订了劳动合同,其合同也没有太大约束力。2009 年 9 月 8 日,接受笔者访谈的 A 省 GJ 学院督导专员 WFL 先生把民办高校的工作总结为“三部曲”——招生、催款、裁员,他发现裁员是民办高校三大工作当中的一大工作。

4.未对民办高校进行有效监管

(1)未对民办高校的财务进行有效监管。前文述 WKL 先生和督导专员 WZW 教授的论述可充分反映出来。

(2)未对民办高校教育教学质量进行有效监管。除了前述谈到的民办高校用于教学的钱太少;并且也不太重视师资队伍建设之外,还可从民办高校并不重视实训实习方面反映出来。

2009 年 9 月,DY 学院模具专业 0732 班学生 BHB 同学告诉笔者,他们的技工证只要花 85 元就可以在学校里买到。

WZW 教授也告诉笔者:“毕业生最后一年至少半年要实习,而且这个实习非常关键,职业教育嘛,培养学生动手能力,但是据我了解,绝大多数民办高校最后半年能够实习的非常少,从我这个学校来说,只有 20%的学生能实习。”

(3)并没有真正重视师生权益保护。

师生权益保护应当是监管的重要内容,在强势的举办者面前,一个个原子式的学生或教师,尤其是学生,在维护自身利益方面往往是软弱无力的。比如,有不少学生到民办高校报名缴费几天之后,发觉并非像宣传的那样好,想退学费是非常困难的,如强行退学,七、八千元学费就基本打水漂了。又如,一些民办高校不给教师办"五险一金"或者办得不全,这也没有人管。

(二)政府越位

政府在民办高等教育发展中的越位现象突出体现在民办高校的领导管理体制方面。

上世纪90年代以前,国家出台的一些民办教育政策中,比较重要的、专门针对民办教育的是1987年国家教育委员会发布的《关于社会力量办学的若干暂行规定》。其中,涉及到国家对民办高校的领导管理体制的文本规定基本都还是仅限于审批方面,国家直接参与民办高校内部管理的文本规定还是很少。此时,民办高校的举办者大都任校长,直接经营、管理民办高校,国家不直接介入民办高校管理。

1990年以后,国家出台的关于民办教育的最重要的法规是国家教育委员会1993年颁发的《民办高等学校设置暂行规定》和1997年国务院颁布的《社会力量办学条例》,其中,《民办高等学校设置暂行规定》的第九条规定,设置民办高等学校,应配备坚持党的基本路线、大学本科毕业以上文化水平、具有高等教育工作经验、管理能力较强、并能坚持正常工作的专职正、副校长。此外,关于领导管理体制方面,基本还是维持以前的制度,民办高校由所在地方省级教育行政部负责管理,国家基本还是不直接介入民办高校的微观管理。

进入21世纪之后,国家对民办高校的领导管理开始发生转变。出台的主要法律有《民办教育促进法》(2003年9月1日开始实施)、《民办教育促进法实施条例》(2004年4月1日起实施)、《民办高等学校办学管理若干规定》(自2007年2月10日起施行)。这些法律的出台,促使民办高校在其后两年形成了目前的董事会(举办者)、校长、督导专员(兼党委书记)的"三驾马车"的领导管理体制,形成国家直接参与民办高校内部管理的正式制度。①

从理论上来说，"三驾马车"各司其职，对民办高等教育的发展非常有利。然而从现实来看，"三驾马车"问题重重。

第一，董事会(举办者)方面。

《民办教育促进法》第十九条规定，民办学校应当设立学校理事会、董事会或者其他形式的决策机构。第二十条规定，学校理事会或者董事会由举办者或者其代表、校长、教职工代表等人员组成；其中三分之一以上的理事或者董事应当具有五年以上的教育教学经验；学校理事会或者董事会由五人以上组成，设理事长或者董事长一人；理事长、理事或者董事长、董事名单报审批机关备案。第二十一条规定：学校理事会或者董事会行使的职权是：聘任和解聘校长；修改学校章程和制定学校的规章制度；制定发展规划，批准年度工作计划；筹集办学经费，审核预算、决算；决定教职工的编制定额和工资标准；决定学校的分立、合并、终止；决定其他重大事项。(其他形式决策机构的职权参照本条规定执行。)

国家要求民办高校设立董事会是希望代替举办者的个人专断，形成民主决策的机制。目前A省民办高校大都设立了董事会，它们的章程大都设计得非常完美。但是，目前一些民办高校的董事会形同虚设。

据SZL教授介绍：

"《民办教育促进法》这里面讲的董事会领导下的校长负责制，或者院长负责制，这个董事会，我看到的是形同虚设！根本就没有董事会，都是举办者说了算，举办者他自己就是董事长，他从来不开董事会，你问他董事是哪个，他随便点几个。然而就是真正成立了董事会的也是假的，它跟我们的上市公司类似，我们的上市公司，有些实际上也是董事长在操纵，大股东在操纵，那么民办学校的董事会，更是假的，更是形同虚设。"

① 查明辉.民办高校"三驾马车"领导管理体制.现代教育管理，2012(4).

CS 学院督导专员 WZW 教授也介绍说：

“规范民办学校的内部管理，第一个就是要建立和完善学校内部管理的协调和制衡机制。这里头有董事会、行政、党委，董事会起决定作用，行政依法实施教育教学管理，党委是政治核心，起监督保证作用。这里面，怎么实行职责分工，使法人治理结构完善呢？有的学校连形式也没有搞起来，你比如说没有校长，或者说没有董事会，或者董事会也不开，只是校长挂名。”

由此可见，尽管《民办教育促进法》希望推行西方大学的董事会制度，但这种制度在中国的“水土”上严重“不服”。实际上，西方的董事会制度是基于西方的民主之上的，尤其是西方私立高校大都是非营利性的，而中国的民办高校举办者大都是个人，是要营利的，加上中国几千年来的家长制的影响，所以董事会制度自然在中国民办高校推行不了。

第二，校长方面。

《民办教育促进法》规定，民办高校的校长由董事会或理事会聘任。《民办高等学校办学管理若干规定》第十条规定，民办高校校长应当具备国家规定的任职条件，具有 10 年以上的从事高等教育管理经历，年龄不超过 70 岁。校长报审批机关核准后，方可行使《民办教育促进法》及其实施条例规定的职权。校长任期原则上为 4 年，报经审批机关同意后可以连任。

2008 年 12 月 26 日 A 省教育厅颁布《A 省民办高校聘任校长、副校长核准办法》（试行）。文件规定：

民办高校校长、副校长的基本条件：拥护《宪法》确定的基本原则，政治素质良好，熟悉高等教育管理工作，热爱教育事业，品行良好，遵纪守法，能够贯彻国家法律法规，有较强的决策能力、组织协调能力、教育教学管理能力。

基本要求：民办高校校长、副校长的任职期限原则上为 4 年，报经审批机关同意后可以连任。民办高校决策机构负责人不得兼任校长，实行校内决策权与行政管理权分离。民办高校聘任校长、副校长应实行决策机构负责人直系亲属回避制。校长、副校长应专任本校职务，不得兼任其他全职工作。

任职资格：(1)具有中华人民共和国国籍，在中国境内定居，具有政治权利和完全民事行为能力；(2)校长应有不低于大学本科毕业的文化程度，有10年以上的从事高等教育管理经历，有教授、副教授或相当的专业技术职务，副校长应有不低于大学专科毕业的文化程度，其中分管教学工作的副校长应有不低于大学本科毕业的文化程度，有教授、副教授或相当的专业技术职务；(3)现任国家机关、国有企事业单位全职领导职务人员出任民办高校校长、副校长前，应辞职并得到批准；(4)校长、副校长人选的年龄应在65岁以下，任职年龄不超过70岁；(5)身体健康，能在学校担负日常工作。①

此外，规定了学校决策机构选聘校长、副校长的程序。

所有这些政策规定从理论上而言都非常好，符合这些条件的人选基本都是懂得教育规律的领导，对民办高校发展非常有利，而不是像目前绝大多数的举办者都并非办教育出身。

关于民办高校校长的职权，《民办教育促进法》第二十四条规定，民办学校校长负责学校的教育教学和行政管理工作，行使职权为：执行学校理事会、董事会或者其他形式决策机构的决定；实施发展规划，拟订年度工作计划、财务预算和学校规章制度；聘任和解聘学校工作人员，实施奖惩；组织教育教学、科学研究活动，保证教育教学质量；负责学校日常管理工作；学校理事会、董事会或者其他形式决策机构的其他授权。不过，现行法规并没有规定校长有筹集办学经费的职责，而这应当是民办高校校长的首要职责。

从这些规定来看，国家似乎是要仿照公办高校党委领导下的校长负责制，形成民办高校的领导体制，即董事会领导下的校长负责制。然而，在现实中，民办高校校长与公办高校的职权大不一样，面临诸多问题：(1)没有财权。除极少数举办者外，多数举办者都不肯让出财权，校

① 另据笔者调查，A省还有一个不成文的规定，任民办高校校长的必须是厅级干部，这个不成文的规定更具有法律效力，一些民办高校校长长期空缺与这个规定不无关系。

长没有财权。比如,SZL 教授介绍,他在 DY 学院任校长期间,要求举办者拿出预算看,举办者拒绝,他要求举办者给教职工提高待遇,举办者也拒绝。(2)没有人事权。民办高校举办者通常是让善于招生的毕业生留校,这与主抓教育教学的校长希望留用成绩优秀的毕业生是不一样的。另外,很多民办高校举办者的家庭成员都在民办高校工作。一所高校的校长既无财权,又无人事权,校长也就有名无实了。所以民办高校校长频繁更换或者空缺。

第三,督导专员(兼党委书记)方面。

督导专员制度的建立是出于民办高校的社会稳定。2006 年 10 月江西赣江学院事件、服装学院事件之后,江西省决定向各大民办高校派督导专员兼任党委书记,后被推广到全国。《民办高等学校办学管理若干规定》第二十五条规定,省级教育部门按照国家有关规定向民办高校委派的督导专员应当拥护宪法确定的基本原则,具有从事高等教育管理工作经历,熟悉高等学校情况,具有较强的贯彻国家法律、法规和政策的能力,年龄不超过 70 岁。督导专员的级别、工资、日常工作经费等由委派机构商有关部门确定,督导专员任期原则上为 4 年,因工作需要的,委派机构可根据具体情况适当延长其任期。第二十六条规定,督导专员行使下列职权:监督学校贯彻执行有关法律、法规、政策的情况;监督、引导学校的办学方向、办学行为和办学质量;参加学校发展规划、人事安排、财产财务管理、基本建设、招生、收退费等重大事项的研究讨论;向委派机构报告学校办学情况,提出意见建议;执行有关党政部门规定的其他职责。

国家对民办高校进行监管是非常必要的。但是督导专员制度尽管建立起来了,却存在如下问题:(1)督导专员职责太重。上述规定的督导专员的五项职权,督导专员一个人能够做好其中一项就非常不错了。(2)督导专员的职责与校长的职责存在交叉现象。比如,人事安排、财产财务管理等,这应当是属于校长的日常事务,督导专员没有必要参与,否则,容易造成校长与督导专员的矛盾。(3)根据《民办教育促进法》,董事会是民办高校的最高权力机构,但是现行法律条文中并无督导专员应当进入董事会的规定,并且《民办教育促进法实施条例》第十九条规定，国家机关工作人员不得担任民办学校理事会、董事会或者其他形式决策机构的成员。所以，如果督导专员连民办高校最高权力机构的成员都不是，那他又如何监督民办高校呢？所以，CS 学院督导专员认为，督导专员应当进入董事会。但是，民办高校董事会的董事长是举办者，督导专员不可能任董事长，如果督导专员只是董事会的一名成员，而不是董事长，那他与董事长又是什么关系呢？政府向民办高校派出督导专员就是赋予其凌驾于举办者之上的权力，如果他进入民办高校最高权力机构，他应不应当听董事长的呢？从这方面来说，GJ 学院督导专员认为，督导专员不要进董事会。可见，督导专员制度实际上很不完善。在现实中，有的督导专员根本不管事，一些民办高校的教职工知道有督导专员其人，但并不知道他到底是干什么的；有的督导专员与举办者的矛盾重重，他认为他应当是民办高校的一把手，举办者应当听从他的领导。

总之，目前的民办高校"三驾马车"的领导管理体制在现实中推行不了。

德国社会学家乔治·齐美尔认为，在由两人组成的群体中，互动是直接的，这是两人群体的一个最为明显的性质，其他性质都是以此为基础发展出来的，互动之所以是直接的，是因为在两个人之间的互动，不可能以第三个人为中介来进行。在这种群体中，群体的性质完全取决于构成它的两个人的性质，不存在超出个人之外的群体结构，同时，在这种群体中，每个人都高度保持着自己的个性。三人群体的性质与两人群体的性质大相径庭，互动的性质、群体的结构都有根本性的变化。在三人群体中，第三个人可以利用另外两个人的争斗，而从中渔利，第三个人既可以是另外两人冲突的仲裁者或调停者，也可以拉拢一个，打击另一个，因而，也就有可能在群体中创造出权力或层级结构。即使三个人处于完全平等的地位，以彻底的民主方式来协调彼此之间的关系，在三人群体中仍然有人可能以"少数服从多数"的原则，以群体的名义，对少数派施加压力。换句话说，在三人群体中，有可能产生独立于个人的结构，而这种结构又很有可能会危及到个性的发展，这是三人群体不同于二人群体的一个重要特点。[①]

齐美尔的论述对于理解目前民办高校的领导管理体制很有帮助。本来，很多公办高校的书记与校长关系就非常复杂，难处理，一些学校党委会与校委会的两套领导班子互相推诿甚至有摩擦，在巨大的内耗中使学校长期处于不死不活的状态中。[②]而民办高校却推行“三驾马车”的领导管理体制，关系更难以处理，大大影响了民办高等教育发展。

三、办学目标错位

从中国民办高等教育的发展历程和现实情况来看，民办高等教育类型众多，从学历来看，有学历教育和非学历教育；从学习方式来看，有全日制和非全日制；从层次来看，有本科教育和专科教育；从招生来看，有统招教育和自考教育，等等。不论民办高校提供什么类型的高等教育，都必须与它的办学目标一致，它的办学行为都必须围绕着它的办学目标，而它的办学目标又必须与市场的要求相一致。但是，市场化发展模式长期以来就面临着办学目标错位的内部挑战。办学目标错位，包括与自身的错位、与国家的错位和与市场的错位。

（一）办学目标与自身的错位

办学目标与自身的错位即民办高校办学章程中所确立的办学目标与现实办学行为所体现出来的目标之间的错位。

A 省 DY 学院的章程规定其宗旨是“一切为了学生”。A 省 NT 学院的章程规定其宗旨是“以科教兴国为己任，为振兴中华而办学”。然而，从两校举办者的办学行为的各方面来看，很难让人认同他们的实际办学宗旨即如章程所定，实际上他们都是以营利为目的，或者说把营利作为一个目的，反映了它们的办学目标与自身的错位。这两所办得比较好的民办高校都是如此，更勿论其他民办高校。民办高校办学目标与自身的错位，导致人们对民办高校的信任度降低甚至丧失，社会资本流失严重，这是一些民办高校频繁更换名字的重要原因。

---

① 侯钧生. 西方社会学理论教程：南开大学出版社，2001：97－98.

② 徐智德. 我国民办高校的校内管理体制. 西安欧亚学院学报，2006(4).

(二)办学目标与国家的错位

出于社会稳定等原因,国家希望民办高校举办者不以营利为目的,希望他们捐资办学,帮助国家培养高级专门人才,但现实却是,90%以上的举办者希望营利,希望得到回报,并且大都在国家没有进行有效监管的情况下以营利为目的,或者把营利作为目的之一,民办高校的办学目标便与国家的要求发生错位。这很大程度上也就造成了国家对民办高校的鼓励角色大都缺位的现状,正如DY学院ZZY副院长所说,现在一些政府对民办学校的态度就是"你民办学校办得下去就办,办不下去就不要办";同时政府监管角色大都越位,甚至有直接代替民办高校管理的倾向,政府非常担心民办高校影响社会稳定。

(三)办学目标与市场的错位

民办高校办学目标与市场的目标一致是市场的内在要求。市场要求民办高校按等价交换的原则进行诚信交易。但由于民办高校的办学目标是营利,在国家监管不力的情况下,对用什么方式来寻求市场并不完全在意,甚至在现实中只要招生员能招到学生,无论用什么手段,举办者都不予过问,几次大的群体性事件中,都存在举办者纵容招生欺骗的情况。因而,办学目标往往与市场的目标发生错位,结果造成学生对民办高校的信任度下降或丧失,劳动力市场对民办高校毕业生也不认可,民办高校的毕业生大都进入低端劳动力市场,因为民办高校对这些文化基础本来就不高的学生培育之后的人力资本存量并不高,而进入低端劳动力市场,这与民办高校大学生的目标很大程度是背离的,他们本想实现向上的社会流动。

在市场化发展模式下,民办高校办学目标错位问题产生的弊端非常严重,使得民办高等教育本质异化。

一般来说,所谓事物的本质,是指事物固有的决定事物性质、面貌和发展的根本属性。[①] 民办高等教育跟公办高等教育一样,具有教育区别于其他事物的本质。

教育的本质是指,教育是培养人的社会活动,是促使受教育者社会

① 文相辅.关于教育与高等教育本质的讨论.高等工程教育研究,1995(1).

化的过程。高等教育具有教育的一般的、普遍的本质属性，但它又与其他教育有着本质的不同。高等教育是培养完成中学教育后的人，使他们成为具有高深知识的专门化人才的社会活动。[①] 民办高等教育除了具有教育和高等教育的一般的普遍的本质属性之外，还具有民办高等教育的独特属性，即它是社会力量举办的。综合起来，民办高等教育的本质是，由社会力量举办的，旨在把中学教育后的人培养成为具有高深知识的专门化人才的社会活动。

然而，在市场化发展模式下，民办高校以招生作为中心工作，教学工作处于次要位置，不重视师资队伍建设，以营利为目的，这些做法，很大程度上是与民办高等教育的本质不一致的，以至于有人把"投资办学"作为我国民办高等教育的本质特征。[②] 可见，市场化发展模式很大程度上已经使民办高等教育的本质异化了。在民办高等教育本质被异化的情况之下，民办高等教育要真正达到培养高级专门人才的目标是比较难的。

此外，中国民办高等教育市场化发展模式除了面临上述挑战之外，还面临严重依赖市场的重大缺陷。由于中国民办高等教育是在国家财力不足、缺乏投入，举办者本身也缺乏资金的情况下恢复发展起来的，民办高校只得依靠市场筹集资金，加上营利属性使其得不到捐赠，便只得依靠市场，而随着外界竞争压力加大，更加需要依靠市场，从而形成严重的市场依赖症，严重依赖市场，使其受市场的影响非常大。当社会财富分配越来越集中于少数人，多数人对高等教育尽管有需求，但是没有支付能力，民办高等教育的市场化发展模式的市场空间也就越来越小。

综上所述，中国民办高等教育市场化发展模式在严峻的外部挑战之下，本身所固有内部缺陷也越来越突出。在内外挑战的交互作用下，中国民办高等教育的市场化发展模式很难再持续下去，中国民办高等教育要持续发展目前正面临发展模式的转型问题。

---

① 薛天祥.高等教育学:广西师范大学出版社,2001:64－65.

② 邬大光.投资办学:我国民办高等教育的本质特征.广东教育学院学报,2006(6).

第二节 理论解释:组织平衡理论

理论并不能解决所有问题,但是缺乏理论的研究往往是盲目的。本书运用理论进行解释,旨在一方面要以理论来透视市场化发展模式面临的种种问题,另一方面要以理论来推测市场化发展模式的前景。

首先看组织平衡理论。组织平衡理论包括组织内平衡理论和组织外平衡理论。组织平衡理论的代表人物是社会系统理论的创始人——美国的切斯特·巴纳德。

一、组织内平衡理论的解释

巴纳德把“组织”定义为一个有意识地对人的活动或力量进行协调的关系。组织包括三个要素:能够进行信息交流的人们、这些人们愿意做出贡献、实现一个共同的目的。① 巴纳德认为,组织内部平衡是组织得以维持和发展的前提条件之一。从根本上来看,组织内部平衡是指组织为其成员提供的种种诱导、激励力量要与成员为组织提供的贡献力量保持平衡。二者的失衡都会影响到组织的发展,如果前者占上风,会导致组织的无效率;后者若占上风,会影响组织的存续性。这实质上是在要求组织内部各构成要素,即协作意愿、目的和信息交流等之间的相互作用力量要彼此平衡,这样方能保证整个协作系统的健康发展。在组织的三要素中,协作意愿和目的相当于是协作努力体系的两极,而信息交流相当于连接这两极的桥梁。组织内部平衡理论的中心问题,也正是关于如何才能保证各要素间的作用力彼此平衡,进而保持协作系统这座“桥”能够长期稳固的问题。组织内平衡理论又包括诱因理论、权威理论和决策理论三个子理论,本书只谈诱因理论。

巴纳德认为,自我保存和自我满足的利己动机是促使并支持个人努力协作的重要力量,组织要想存在并长期维持,必须满足个人的这些动机,除非它能够改变这些动机,而诱因正是满足这些动机的最基本要

① [美]巴纳德.经理人的职能.孙耀君,等,译:中国社会科学出版社,1997:59－66.

素，诱因不恰当会导致组织解体、组织目的改变或协作失败。我们来看诱因的方式和作用原理及其结果：

（一）诱因的方式

巴纳德认为，诱因的方式在决定诱因的有效性上起着非常重要的作用。诱因可被分为客观诱因和主观诱因两个方面。巴纳德所说的客观诱因即那些客观存在、能够直接观察到的因素，主观诱因即那些改变人们的思想状况以获得所需的努力的吸引因素。巴纳德把前者称为“诱因的方法”，把后者称为“说服的方法”。

对于诱因的方法，巴纳德又将其分为两类：一类是特殊的并能特定地给予某个人的诱因，称为特殊诱因；一类是一般的、非个人的、不能特定地给予某个人的诱因，称为一般诱因。具体说来，特殊诱因还可分为物质诱因、个人的非物质机会、良好的物质条件和理想方面的恩惠等四类；一般诱因还可分为社会结合上的吸引力、适合于自己习惯的方法和态度的条件、扩大参与的机会、思想感情交流的条件等四类。细分还远不止这些。巴纳德对有代表性的诱因进行了详细分析：

第一，物质诱因。物质诱因就是指作为接受雇佣的诱因、服务的报酬、贡献的补偿而提供给个人的金钱、物品或事物的条件。人的最基本的需要是生理需要，对一个组织贡献者来讲，就意味着他必须获得食物、住房、衣服等能满足生理需要的最基本物质资料。巴纳德认为，对绝大多数人来讲，当最低限度的需要得到满足以后，物质诱因的作用力是极为有限的，如果没有其他诱因的刺激，很难使组织对其贡献者产生强大而持续的吸引力。

第二，维持个人生活最低物质报酬之外的非物质诱因。巴纳德认为，在所有组织的发展中，显示优越、威信、个人权力、获得支配地位的机会等方面的因素，都比物质报酬要有效得多。他说，物质报酬往往只有和上述这些非物质报酬结合在一起时才更有效。

第三，工作环境。工作时良好的物质条件势必会对组织的贡献者产生强大的吸引力。

第四，理想方面的恩惠。所谓理想方面的恩惠就是指组织满足个人有关理想（通常是非物质方面的）、未来或利他主义方面的动机的能力。巴纳德认为这种诱因是最强有力而又经常故意被人忽视的诱因之一。

除上述四种诱因之外,还有一些诱因也起着和特殊诱因类似的作用,通常只有在某些特殊场合才能使人感觉到它的重要性。这主要包括以下四类:

第一,社会协调。这主要是指社会结合所产生的吸引力。

第二,习惯的工作条件以及符合于习惯的工作方法和态度。

第三,更大的参与机会。

第四,思想感情交流的条件。巴纳德认为,思想感情交流的条件就是指个人在社会关系中感到舒服的感觉。它意味着获得伙伴情谊、在人格态度上有互相支持的机会。这是非正式组织的一项基础,而非正式组织是每一个正式组织运营所必需的。

(二)说服的方法

有些组织未必都能够满足上述这些要求,这时它们就只能采取说服的方法,以尽可能地改变人们的欲望,否则组织就难以生存与维持。巴纳德将这种说服的方法分为以下三种:

第一,造成一种强制的状态。

第二,合理化。这种方法实际上是组织把它对组织成员提出的条件或要求成员完成的任务说成是合理的,从而要求成员完成组织交给的任务。通常采用宣传的手段。

第三,灌输动机。这种方式实际上是想从根本上说服人们加入组织,巴纳德认为这是最重要的说服方式之一。

(三)诱因的经济

诱因的经济就是指组织提供诱因所获得的贡献与其提供诱因的付出之差。综上可知,各种组织在决定诱因时,首先要注意其“经济”性,否则即使有了诱因也会因为“入不敷出”而解体;其次,在诱因的选择上尽量避免各种诱因之间的冲突,要根据各自的特点选择最佳的诱因组合,使之产生最大的说服力。①

① [美]巴纳德.经理人的职能.孙耀君,等,译:中国社会科学出版社,1997:115、116、125.

根据巴纳德上述对组织内平衡理论的论述，我们来看民办高校诱因的特点：

第一，民办高校的诱因方式：主要依靠物质诱因。

民办高校提供的诱因最主要、最普遍的就是有限的物质诱因，换句话说，就是有限的金钱。按课时为教师付酬，或者在提供固定工资的前提下，教师必须承担一定的课时；为其他非教师员工提供一千多元的工资。其次，一般还有养老保险、住房公积金等，但这类收入也不高，再有就是各类节日奖金一年一千元左右。所有这些物质诱因，总数都低于同类公办高校的教职工，即使有时民办教职工获得的物质诱因更多，也必须付出更多的劳动。此外是招生收入，实际上随着招生大战越来越激烈，近些年来，民办高校教职工通过招生赚钱已越来越困难，赚大钱的只是少数人。

除了这些物质诱因，几乎没有任何非物质诱因，在以营利为目的的举办者看来，诱因并不复杂，只有物质诱因才是有效的，非物质诱因对于激励员工是没有用的。所以，各项工作都与物质诱因相关，比如鼓励学生报考各种证书考试、鼓励学生继续报考本科等；或者以罚款进行惩罚，比如，完不成催学生交清学费的任务，或完不成招生任务处以一定罚款等。

总之，民办高校存在物质诱因的不足与非物质诱因的缺失。

第二，民办高校的说服的方法：主要靠造成强制状态。

民办高校采用的说服的方法，主要是靠造成一种强制的状态。比如，劳动合同仅签一年，一年之后认为教职工贡献不够即解聘；动辄以解聘相威胁，劳动合同约束力实际上也并不强；再一个最常用的办法就是罚款，并且数额非常大，教职工一个月工资不够罚几次款。调查中，A省DY学院的举办者经常把解聘员工挂在嘴上，有位老同志实在不满，在一次大会上公开说："（举办者）不要把教师当打工仔、当儿子一样凶来凶去的。"

第三，民办高校的诱因经济：举办者物质经济最大化。

既然现实中的民办高校大都是营利性的，在国家监管缺位、工会基本不发挥作用的情况下，举办者在诱因经济方面的考虑很自然是自身的物质经济最大化，而不会重视以各种诱因相结合的方式来激励教职工。在这方面，中国还有特殊的国情，即是人口众多，就业机会稀缺。近十余年来的高校扩招，民办高校几乎不用愁招不到普通水平的教职工，更何况还有大量的兼职后备军。所以，正如A省CS学院前党委书记LFQ教授所说的："叫民办学校的举办者重视师资建设，他就公开地说：'用得着吗？我只要贴一个广告，就会有很多人来应聘！'"

总之，上述这些情况反映出民办高校实际上出现了内部系统失衡。这种系统内失衡，在外界环境比较稳定、竞争压力小的情况下，组织有可能存续较长时间，如果外界环境变化大，竞争也越来越激烈的话，民办高校即面临解体，一些专修学院则面临倒闭。

二、组织外平衡理论的解释

任何组织都是宏观的社会大环境的一个个体，它要想得到长期协调发展，除了有效保持上述组织内部各要素的平衡以外，还必须同与组织密切相关的组织外部因素之间保持平衡。巴纳德将组织发展须具备的这种特征称为组织外部平衡。它主要涉及两方面的理论——组织的专门化理论和随机应变主义，本书只介绍组织的专门化理论。

(一)组织的专门化基础

巴纳德认为，组织的专门化的基础有五项：一是做工作的场所；二是做工作的时间；三是做工作的人；四是作为工作对象的东西；五是做工作的方法或过程。[①] 组织发展所需要的五个专门化条件都非常重要。时间、地点的专门化是组织存在和发展的最基本条件，这是组织成立和发展的首要的也是最基本的考虑因素；社会结合的专门化是组织发展的核心条件，而它又必须以工作过程的专门化为前提，否则就无须也无从实现结合；目的专门化是组织发展的必备条件，只有有了清晰的目的，组织才有奋斗的动力和方向，才有可能保证组织的有效性和能率。[②]

① [美]巴纳德.经理人的职能.孙耀君，等，译：中国社会科学出版社，1997：102.

② 能率是指组织中成员个人目标的满足程度。

（二）组织的专门化机制

组织的五个专门化基础条件是组织发展的必备要素，但它们相互影响、相互制约，在组织中形成强大的合力效应，推动着组织的运行和发展。要保证组织的有效性和存续性，首先必须设法保证这五个专门化条件的顺利运转，具体包括：时间、空间专门化的协调，社会结合和工作过程的专门化协调，以及目的专门化协调。[①]

根据巴纳德上述对组织外平衡理论的论述，我们来看民办高校与外部因素之间的平衡状况：

第一，关于民办高校的专门化基础情况。

2001年，A省民办高校有15所高职学院和19所专修学院。从巴纳德的组织专门的基础来看：

关于场所专门化方面：A省民办高校中，专修学院大都一直处于租房子办学的状态，而15所民办高校都有自己的校园。农村学生及家长通常是根据校园的好坏来选择学校。比如，校园差的A省DY学院，很多中学生来校参观之后，就一去不复返，而NT学院校园漂亮，学生参观之后非常满意，大都留下来就读。当然，仅有这些是不够的。民办高校大都是高职教育，需要实训实习基地，需要大量的教学设备，以培养学生动手能力，否则教育教学质量欠佳，劳动市场也不认可其培养的人。总之，校园的好坏以及相关设备的情况，直接影响到民办高校的生源。多数专修学院不首先解决校园问题，倒闭是不可避免的。

关于做工作的时间：民办高校高度依赖招生，但是招生的时间与教学的时间发生严重冲突。每年一些教职工及学生早早离校去招生，对教学工作影响很大。公办高校至少有两个月暑假，教师可以备课、“充电”、休假，而民办高校教师则必须去招生，或者在学校从事接待。再有，民办高校大都要求教师在平时必须坐班，甚至要求晚上坐班若干小时，国家法定假日，只要学校有任务就必须工作。

关于人员专门化方面：绝大多数民办高校是普通高职院校，它们最

① 邹治平，刘艳红.社会系统理论的创始人——切斯特·巴纳德：河北大学出版社，2005：141－147.

主要的工作任何时候都应当是教学，否则难以实现民办高校章程中的宗旨，而现实却是以招生为中心，教学放在次要位置。这两项工作都需要专门人员，而民办高校没有做到。关于招生工作，民办高校采用两种办法：一是让大量学生参与招生，不过，招生市场越来越激烈的竞争使至少一半以上的学生中途放弃招生，并且招生与学生的角色本来就发生冲突；二是把招生任务分配给教职工，让招生办公室的工作人员之外的全体教职工（在校接待者除外）参与招生。班主任一般都是愿意招生的，因为工资待遇低下，加上自己也想赚钱，而教师一般都不愿意招生，因为叫他们去请中学班主任帮忙做宣传工作，或者直接自己宣传，都不是轻松的事情，招生与教学的角色也发生冲突，更何况能通过招生赚大钱的总是只有少数人。至于教学人员的专门化，民办高校并不想花太大代价招聘大量优秀专职教师，即便招聘来了专职教师，举办者也并不想长期聘用（除了善于招生的），教师聘用短期化利于民办高校招聘更"便宜"的教师。再有，本校留校生教学水平也比较差，而兼职教师也只是兼课，流动性非常大。最后还有一个非常关键的就是校长的专门化。现实中，举办者仍在充当实质上的校长。

关于目标专门化方面：民办高校的目标包括组织的目标和举办者的目标，一般来说要求两者重合。根据民办高校的章程，民办高校的组织目标都是培养人，教师之所以进入民办高校这个组织，就是因为他们认同了培养人（至少加入时是认同的）。但是，举办者的实际目的却是营利，并非真正重视培养人，当教师认清事实之后，要么改变自己的观念，认同举办者的目的，要么离开民办高校。

关于工作过程的专门化方面：民办高校如果是以培养人为专门目的，那就需要选择适当素质的生源，要有较好的校园及相关设备，要有一定水平的教师，教师的工作时间要与公办高校一样专门化，几个方面相结合，使工作过程专门化，这样才有可能实现这个目的。如果是以营利为目的，在教育主管部门严格的监管之下，也必须先培养好学生，才可能营利，如果教育主管部门缺位，同时又没有中介组织的有效监督，民办高校不能实行这五个方面的专门化，或者专门化程度不够，或者结合得不好，时间长了，也会被市场淘汰。

第二,民办高校专门化机制。

上述五个方面的必备要素科学地结合,形成合力效应,是民办高校存续的前提条件。

关于时间、空间专门化的协调:对于教师来说,他们最主要的任务是教学,除此之外,需要备好课,需要不断学习,更新知识储备,要有大量时间的不懈努力,教师的教学水平才有可能不断提升。但是,他们同时又大都被要求带班,暑假被要求招生,这与教师的时间专门化发生冲突,本来教师的教学负担就比较重,人的精力都是有限的,并且教学、带班、招生都分别需要在不同的空间,尤其是招生。总之,民办高校时间专门化与空间专门化的协调性比较差。

关于社会结合和工作过程的专门化协调:民办高校的招生、专业设置、教材选用、教师选拔、教师教学、教学研讨、考试工作、带班、后勤服务、学生课余生活服务、学生实习实训、工作推荐、劳动市场信息反馈、教育教学评估、办学资金筹集、校友工作等,从事这些方面工作的人都要与工作过程的专业化协调,才有可能做好工作。比如,培养学生动手操作能力,一定要在生产第一线的熟练技术工人指导下,在具备相应设备的实习实训基地,才有可能培养出来。但从现实来看,民办高校除了对招生工作极其重视之外,其他工作大都协调程度差异性较大,整体协调性较差。

关于目的专门化协调:民办高校的总目的是培养人才,但是现实中,民办高校的招生、教学、带班、工作推荐等方面的分目的并未与总目的协调。

总之,从上述这些方面,可反映出民办高校出现了系统外失衡。系统外失衡产生了下列严重后果:

一是很大程度上直接造成人们对民办高校失去信心,使生源减少。从理论上来说,中国内地现有十三亿四千万人(据 2010 年第六次全国人口普查公报显示),2010 年全国普通高校才 2358 所,相比之下,2010 年美国人口仅 3.085 亿[①],而美国高校数量已达 4495 所,其中私立的

① 资料来源:美国人口普查局网站:http://www.census.gov。

高达 2823 所[①]。因此,可以说,中国大学的生源任何时候都是不用愁的,怎么民办高校会缺生源呢?关键在于民办高校能否提供社会所需要的教育服务。

二是促成了高等教育领域的恶性竞争。在系统外失衡的情况下,为了使系统输入不至于减少,民办高校就采用各种手段去招生,以招生为中心,加之政府缺位,从而使高等教育领域形成恶性竞争,恶性竞争反过来又进一步影响了民办高校生源。

三是加剧了大学生就业难问题。以招生为中心、教学处于次要位置的办学模式下,本来文化基础就非常差的学生,所培育的人力资本的存量并不高,毕业后动手能力仍然是非常差,所以"技工荒"与民办高校大学生"就业难"的结构性矛盾还是没有根本解决,因此大学生培养得越多,大学生就业难就会越加剧,而民办高校大学生就业难又反过来影响生源。

四是一定程度上恰恰造成了政府的越位。政府认为,民办高校维护不了自身的社会稳定,必须直接进行监管,否则还有可能出现 2006 年江西那样的群体性事件。

综上所述,通过组织平衡理论可以看出,民办高校不同程度地出现了系统内失衡和系统外失衡,作为民办高等教育的组成"细胞"——民办高校出现系统失衡,说明中国民办高等教育市场化发展模式面临严峻挑战,很难再持续下去。

第三节　理论解释:社会转型理论

社会转型理论有利于人们从宏观层面进一步阐释市场化发展模式面临的挑战及这种模式的未来发展前景。

① 资料来源:美国国家教育统计中心网站:http://nces.ed.gov。

一、社会转型理论

(一) 社会转型的含义及内容

"社会转型"中的"转型",就是事物结构的转变过程,不是仅仅指转变的结果。当把"转型"指向人类社会领域,即为社会结构转变的过程,而不仅仅指社会结构转变的结果。因而,如果"型"只有量上的增减,而没有方向上或根本性的结构转变,或只有某一方面结构的变动,而不是全面结构的转向,都还不是真正意义上的"社会转型",社会发生整体结构的方向性、全面性、根本性变化才能视为社会转型。社会转型的内容涉及人类社会生活的方方面面,包括经济、政治、社会(狭义的)、文化等领域,不仅仅是在某一个领域内的小修小补,某一领域的变化也要求其他领域作出调整,以适应整体的变化。一般来说,学者们大都认为,社会转型的内容主要有由传统社会转向现代社会、由农业社会转向工业社会、由乡村社会转向城市社会、由封闭社会转向开放社会等几个方面的转变。[①]

(二)中国社会转型的发生

中国社会自秦始皇统一中国,长期在封建社会运行,为什么到了近代要转型呢?

中国传统社会的人们都适应了传统小农生产方式下的社会生活,朝代更替后,他们的目标也还是过上原来的生活,传统社会结构再次保留。但 1840 年鸦片战争使中国"逢千年未变之变局",遇到环境的剧变,此时必须转型,否则将成为列强的附庸。中国人在以毛泽东同志为核心的共产党的领导之下,经过艰辛努力,终于建立了新中国,赢得了民族独立,但工业化、现代化都还没有完成,还必须继续转型,因为没有原子弹、导弹、飞机这些立国之本,国家还是不能完全独立,更何况中国当时正处在美国、前苏联两个超级大国的压力之下,爆发第三次世界大

① 郑杭生.中国社会大转型.中国软科学,1994(1);李路路.社会转型与社会分层:理论与问题.江苏社会科学,2002(2);刘祖云.中国社会发展三论:转型·分化·和谐:社会科学文献出版社,2007:3-13;童星.社会转型与社会保障:中国劳动保障出版社,2007:30-40.

战的可能时刻威胁着中国，也正因此，解放以后必须发展工业。但是中国无法像西方国家那样，以战争方式掠夺别国取得资本原始积累，只能实行计划经济，集中全国有限的资源，来建立比较完备的工业体系。在工业化方面，改革开放前，中国已取得了巨大成功。然而，除了保持原有成就之外，中国还有很多方面需要继续转型，否则无法适应全球化时代丛林法则盛行的生存环境。

（三）社会转型的特点

社会转型的特点概括来说，一般有以下方面：

第一，方向性，即转型是有目标的。比如，以前我国提出“四个现代化”。但社会转型的方向未必一直都是正确的[①]，因为人们认识事物都要有个过程，有可能发生偏差，当多数人发现偏差时，又会做出调整，重新回到科学发展的轨道上来。

第二，全局性，社会转型的最终目标是要使整个社会结构适应全球化的环境，因而某一方面做出转型，其他方面迟早也要转型，才能适应整个系统的转型，否则转型仍然无法取得成功。当然，这种全局性的变化，并非一定要求同步性。社会转型，往往是社会结构的某些方面先发生转变，其他方面的转变继之发生，最终实现全面转型的过程。

第三，异质性，是指传统因素与现代因素杂然并存。传统因素与现代因素本来就是很难分开的，并且现代社会也不是凭空建立的，它必须从传统因素中吸取营养。因而，在整个社会转型过程中，传统因素与现代因素并存就很正常了。

第四，重叠性，是指传统社会是结构不分化和功能普化的，现代社会则是结构分化和功能专化的。转型社会则是结构的分化与不分化、功能的专化与普化相互重叠。

第五，形式主义，是指应然与实然不相吻合，“什么应是什么”与“什么是什么”相互脱节。有许多事物在形式上、表层看来是现代的，但实际却是传统的、徒具现代之名或之形的。[②] 这正是社会转型的一个非

---

① 孙立平.“中等收入陷阱”还是“转型陷阱”.开放时代，2012(3).

② 金耀基.从传统到现代：台湾时报文化出版社企业股份有限公司，1990：113－116.

常重要的特点。社会转型是一个过程,形式与内容往往并不能同步,另一方面,转型总会有一些阻力。

第六,反复性,是指社会转型并非一次完成,要经过多次试错之后,才有可能完成。虽然转型具有方向性,但只是大的方向,而具体的目标与步骤通常是多种多样的,加上人们的理性是有限的,更何况一些因素的影响,往往导致转型具有反复性。

此外,社会转型还有过渡性的特点。因为社会转型是一种社会结构转向另外一种社会结构,当前的社会结构并非最终社会结构。

(四)中国社会转型的阶段划分

中国社会转型始于1840年鸦片战争,此前中国一直处于传统封闭的农业社会当中,此后西方列强的入侵使中国社会被迫转型。我们可把中国社会转型划分为两个阶段,即:第一阶段,从1840年鸦片战争到1949年新中国成立,结束了动荡不安、列强凌辱的局面;第二阶段,从1949年至今,开始了全方位转型。

二、社会转型理论的解释

(一)社会转型理论对生源减少的解释

社会转型使一些民办高校生源减少,可从以下几方面分析:

1.财富分配失衡使一些民办高校生源减少

民办高校的生源90%以上来自于农村,而社会转型时期财富分配格局的转型成为一些民办高校生源减少的重要原因。

第一,国家与农村居民之间财富分配失衡。

尽管改革开放以来民众拥有的财富有了较大的增长,但目前超过76%的资产是政府拥有,民间只有不到25%的资产。①

中国农村人口占大多数,近些年来,财富向国家集中的趋势日益明显。1998年到2012年,国内生产总值平均增速为9.08%,与此同时,国家财政收入平均增速高达19.05%,而农民人均纯收入平均增速只

---

① 耿海军.政府过度占有社会财富是个危险信号.今日时政,2009(4);宋国良.藏富于民与可持续发展.中国金融,2008(8).

有6.90％。国内生产总值和国家财政收入平均增速分别是农民人均纯收入平均增速的1.49和2.76倍。[①] 本来,财富向国家集中无可厚非,只要转移支付的方向正确即可,但现实是,并未出现财富更多地向农村转移的现象。

第二,城乡之间财富分配失衡。

新中国成立以后,为筹集实现工业化所需的建设资金,最主要的、也只能采用的方式是剥夺农民的一部分劳动剩余,采用工农业产品价格剪刀差的办法来支援我国的工业化。据统计,从1952年到1978年,国家以工农业产品价格剪刀差的形式共从农村抽走建设资金达9494.9亿元,相当于同期农业净产值的57.5％。

改革开放以后,随着价格体制改革的不断深入,工农业产品的定价机制逐渐趋向市场化定价机制,产品比价渐趋合理,但是与一系列制度安排有关的价格剪刀差依然存在。[②] 由于原体制的惯性和长期利益分配格局的作用,因尚未完全消除工农业产品剪刀差,1979～1994年农村转移到城市的收入达15000亿元。[③] 与此同时,价格剪刀差中的旧的形成机制还没完全消失,新的形成机制又产生,并且在新的机制下,财富由农村转移到城市更为隐蔽。[④]

截止到2011年,城乡财富分配失衡越来越严重。1990年,城镇居民人均可支配收入与农村居民人均纯收入之为比为2.20：1,到2012年扩大到3.10：1;1990年,城镇居民人均消费性支出与农村居民人均生活消费支出之比为2.19：1,到2011年扩大到2.90：1。[⑤] 如果扣除农民用于扩大再生产的费用,再把城市居民的各种福利也计算进来,那么中国的城乡收入差距实际已经达到了5：1或6：1。

第三,财富越来越向少数人集中。

据统计,2007年中国居民17.25万亿元的存款总量中,人数不足

① 资料来源:国家统计局网站:www.stats.gov.cn。

② 郑绍庆.城乡二元经济结构与财富的隐性转移.调研世界,2005(9).

③ 闫伟.构建和完善分配制度体系建设社会主义新农村.地方财政研究,2006(6).

④ 郑绍庆.城乡二元经济结构与财富的隐性转移.调研世界,2005(9).

⑤ 资料来源:国家统计局网站:www.stats.gov.cn。

17%的富人们占有了80%以上。在北京，最富裕的20%的人口所拥有的财富，是最贫穷的20%的人口的11倍。总部位于瑞士的瑞信研究院2013年发布的《全球财富报告2013》称，自2000年以来，中国人均财富几乎翻了两番，从5700美元升至2013年的2.223万美元。中国的家庭财富总额名列世界第三，比排名第二的日本低2%，比排名第四的法国高出56%。然而，中国42%的成年人口拥有1万美元以上的财富，高于全球31%的平均水平。中国目前已经有100万以上的百万美元富翁，财富总额在5000万美元以上的居民总数也比美国以外的其他国家都要更多。① 这些说明，中国是全球财富向富人集中速度最快的国家。②

本来，改革开放要拉开收入差距，以激发人们的劳动积极性，需要收入分配的转型③，但是，收入分配改革要避免两极分化。这点对于作为改革开放的总设计师邓小平而言是非常明确的。1985年3月7日，邓小平在全国科技工作会议上做《改革科技体制是为了解放生产力》的报告讲话，提出："社会主义的目的就是要全国人民共同富裕，不是两极分化。如果我们的政策导致两极分化，我们就失败了；如果产生了什么新的资产阶级，那我们就真是走了邪路了。我们提倡一部分地区先富裕起来，是为了激励和带动其他地区也富裕起来，并且使先富裕起来的地区帮助落后的地区更好地发展。提倡人民中有一部分人先富裕起来，也是同样的道理。对一部分先富裕起来的个人，也要有一些限制，例如，征收所得税。还有，提倡有的人富裕起来以后，自愿拿出钱来办教育、修路。当然，决不能搞摊派，现在也不宜过多宣传这样的例子，但是应该鼓励。"④

然而，由于没有真正制定与执行调节贫富的相关政策，财富分配格局转型目前已经发生了很大偏差，财富越来越集中于少数人。

---

① 暨佩娟，等.瑞信研究院报告称中国家庭财富总值世界第三.环球时报，2013-10-11.
② 魏葳.中国：财富向富人集中速度最快的国家.金融经济，2008(5).
③ 李强.社会分层与社会空间领域的公平、公正.中国人民大学学报，2012(1).
④ 邓小平.邓小平文选，第3卷.人民出版社，1993：110－111.

我国财富分配格局的失衡，在大学扩招以来，对高等教育的需求出现了两种重要变化：一是有钱人要么上国内公办的一流大学，要么分数低的也可上三本，要么还可以到国外去留学；二是绝大多数家庭并不富裕的人，当然多数还是选择公办大学，因为除了三本及艺术类的特殊专业外，公办高校的学费比民办高校的要低。这样，剩下一部分分数不高、想上民办高校的又缺钱。所以，民办高校生源很自然就减少了。

2. 高等教育发展思想的偏差使一些民办高校生源减少

在计划经济时代，教育作为上层建筑的一部分，要培养无产阶级革命接班人，高等教育也是作为一种福利传递给少数人的。由于国家经济发展水平的限制，也只能传递给少数人。在公办高校这种纯福利发展模式下，民办高校自然生源充足。

1990 年前后，人们对教育本质的看法发生变化，教育部门基本上是生产部门的观点盛行。随着我国社会主义市场经济的逐步建立，教育本质的“生产部门说”被“产业说”所代替，认为现代教育已具备了产业的基本特征，无论是在专业性、生产性还是在资源消耗和可经营性方面都有了教育产业的性质，教育是第三产业或特殊产业。[①] 与此同时，一部分人对高等教育的属性的看法发生变化，由原来的“福利”观或者“公共产品”观改变为“准公共产品”观和“私人产品”观。这表现在现实中，就是自费生的出现。随后的 1994 年，国家同意当年对国家教委批准的 37 所高等院校进行招生、收费制度改革试点，实行公费和自费招生并轨。[②] 既然高等教育是一个产业，为什么公办高校不办，而让民办高校来赚钱呢？而且公办高校比民办高校更有优越性。90 年代末，一些部门和地方政府纷纷将高等教育列为新的经济增长点，在高校学生大增的情况下，1999 年到 2005 年，财政性教育经费占高校收入比例却由 61.84％下降到 42.46％。[③] 在教育经费减少的情况下，公办高校便

---

① 薛天祥．高等教育学：广西师范大学出版社，2001：61－63.

② 国家计委、国家教委关于调整普通高等院校学杂费问题的通知．人民网法律法库：http://www.people.com.cn.

③ 闫广芬，苌庆辉．高校扩招的政策过程分析．高校教育管理，2008(3).

向银行贷款，这在国际上是较为鲜见的。[①] 显然在国家投入未能相应增加的情况下只有多招学生，“赚”得学杂费才能还以前的贷款。在这种高等教育发展思想指导下，并没有什么竞争优势的民办高校很自然生源减少，一些民办高校倒闭。

进入21世纪，人们对教育产业化的批评越来越多。2007年，时任教育部部长的周济在十七大首场记者招待会上明确表示，要坚决反对教育产业化[②]。并且，2007年国家开始提供给大学生国家奖学金、国家励志奖学金、助学金，资助规模空前，资助也涵盖了民办高校，比如，2008～2009学年，A省CS学院学生因此共获得国家资助705.7万元。[③] 以上表明，国家教育发展思想似乎又开始有所回归。

3. 产业结构的转型使一些民办高校生源减少

尽管计划经济时代中国的工业化有了很大发展，但是工业化水平仍然需要大力提高，并且各省水平差异很大。于是，自上世纪90年代起，各地开始兴起地方工业，尤其是中西部地区。这样，产业结构需要进一步由农业为主转向以工业为主，因此，对民办高校的要求也相应提高。民办高校在发展的初期到90年代的时候，大都是文科专业的自考助考机构，1993年教育部推行学历文凭考试制度，基本上还是在自学考试的框架内，只是考试形式有些变化。自学考试的确也培养了一些人才，但是，以文科为主的自考很难培养学生的动手能力，基本上还是学习一些理论知识，学生的实习实训方面很不够。这就要求民办高校适应产业结构的转型，以发展理工科专业为主。然而，理工科对学生入学时的文化基础、对民办高校的机器设备、对师资力量的要求都比文科的要高，这些对许多民办高校来说，都是短期内很难做到的。所以，民办高校培养的文科专业毕业生就业困难，直接影响到生源，一些民办高校也就是在这个过程中倒闭了。截止到2014年，A省民办高校存活下

---

① 曹勇安. 民办高校产权制度改革的实践与思考. 教育发展研究，2006(9).

② 周济. 中国政府坚决反对教育产业化. 教育部网站：http://www.moe.edu.cn/edoas/website18/level3.jsp? tablename=2358&infoid=33966.

③ 根据该校网站公布的2008年获奖名单整理所得。

来的，都是以理工科为主的。

（二）社会转型理论对高等教育领域恶性竞争的解释

中国的社会转型是全局性的，高等教育与政治体制密切相关。一段时间内教育是为无产阶级政治服务的，高等学校长期以来是培养社会精英的，毕业即当干部。因而要进行属于政治领域中的一部分，即高等教育政策的转型，难度是非常大的。

中国私立高校自1952年全部被取消。改革开放以后，民办高等教育又开始恢复发展起来。但是，一开始就存在对民办教育的多种指责："冲击论"、"多余论"、"补充论"等等。随着国家对民办高等教育作用认识的深化，1997年的《社会力量办学条例》把民办教育定性为"社会主义教育事业的组成部分"，没有再像1987年《关于社会力量办学的若干规定》那样，把民办教育作为"国家办学的补充"。然而，此时并没有制定较好的教育政策，处理好民办高等教育与公办高等教育的关系。

从竞争的主体来看，公办高校的领导是有行政级别的，是官员；国家办的高校即是官办的；民办高校的举办者大都是体制外的，是没有行政级别的，更不是官员。竞争的主体不同，竞争的条件也自然不同。在中国的官本位体制没有根本转型的情况下，公办高校可以获得国家教育经费，很容易贷款建新校区，举办独立学院、高职学院，招生计划也有优先权，生源素质好；而民办高校基本上没有国家资助，贷款也很困难，招生也大都要等公办的录满之后才能开始，生源素质欠佳，还有师资等方面都比公办高校竞争力差。民办高校很难与公办高校进行正常竞争。

国家教育政策没有切实规划好民办高等教育与公办高等教育的位置，很大程度上是放任这种不公平的竞争，认为"民办学校能办就办，不能办就不要办"，民办高校便只能采取一些非正式的方式，比如给招生员回扣，招生员再付给高中毕业班班主任回扣，让中学教师帮助做宣传。尽管国家三令五申禁止这种招生方式，却根本禁止不了。民办高校不称之为"回扣"，而称"旅差费"或者"爱校奖"。民办高校的督导专员，包括教育主管部门都知道此事，也大都是睁只眼闭只眼。一些公办的高职院校，尤其是中等学校升格上来的高校，也同样采取这种方式招生，于是民办高校又进一步提高回扣，加大招生投入。如此，形成了高校“金字塔”底端高校之间的恶性竞争。

另外，由于相关的教育政策或缺乏，或难以执行，各民办高校彼此之间也进行恶性竞争，造成了大量的内耗。

总之，只有高等教育政策的合理转型，从整体上规划高等教育内部各组成部分之间的关系，尤其处理好公办高职院校与民办高职院校之间的关系，才有可能解决高等教育领域的恶性竞争局面，否则，还有可能引发大规模的群体性事件。

(三)社会转型理论对政府越位与缺位的解释

在中国的传统社会中，封建王朝一般“皇权不下县”，而由基层精英协助管理。此外，基层的很多资源大都是由家庭、家族来配置。换句话说，中国封建社会的政府，通常的情况下都是“小而强的政府”。农业社会的积累有限，封建王朝必须建立“小政府”，凡是“大政府”，[①]对基层的剥夺过多，结果大都导致农民起义；但另一方面，中国地域广阔，从国家统一的角度而言，它又必须是“强政府”，凡是“弱政府”的时候，国家往往处于分裂状态。

鸦片战争打破了中国封建王朝的正常状态，政府必须转型。连年战争与巨额的赔款，加上灾荒，使清政府必须建立“大政府”，但是对整个国家的控制力越来越弱，最终被辛亥革命推翻。

蒋介石国民政府为巩固统治，加强对整个中国的控制，再也不能像封建王朝那样建立“小政府”了。

实际上，进入工业化以来，相对于各国过去的传统社会，各国政府都是“大政府”，很多原来不干预的，如贫困、教育、养老、就业、住房、医疗等都被纳入了国家的干预范围。西方 20 世纪 80 年代以前的福利国家就是国家干预的产物，至今福利国家的体制都基本保留了。

新中国成立以后，为了实现工业化，我国也要建立“大政府”。国家

① 笔者认为，政府的大小，是一个相对概念，相对于传统社会，西方国家的政府都是大政府，而相对于社会主义国家，西方国家政府又都是小政府。

把教育、医疗、城市养老、住房、就业等都纳入了国家事务范畴[①]，尤其是直接经营企业，这在中国的传统社会中是不曾出现的。实际上，各国都在建"大政府"，也不允许中国建"小政府"，也只有这样，才能够集中全国有限的资源实现工业化，造出原子弹、氢弹等工业产品，以捍卫国家主权与独立。

20世纪70年代后，西方国家面临石油危机，福利国家也出现危机，"大政府"难以维持下去，似乎政府面临转型。但从目前来看，没有非常明显的证据显示西方国家干预的范围减少了，也就是说相对西方的传统社会，"大政府"真的变小了。在市场化程度最高的美国，奥巴马上台试图做的一件大事就是要实现全民医保，尽管当时美国财政赤字已创历史新高。[②]

相比之下，改革开放以后，我国政府要转型，但是怎么转？实际上并不清楚。80年代末，海南省最早提出要建立"小政府，大社会"[③]，然而，政府的"小"，小到什么程度？这并不是仅仅精简机构、裁减人员的问题，而是提供公共服务的效能问题，也就是说，在社会主义市场经济条件下，凡是不能以市场机制解决的，应当以计划机制[④]来解决。不过，现实中很大程度上并未这样做，一些地方政府热衷于经济建设，没有在社会建设的根本方面，即民生方面承担应有的责任[⑤]，结果导致了"上学难、看病难、住房难"等严重的社会问题。党的十六届六中全会提出要建立"服务型政府"，不谈政府的"大"与"小"问题，这比以前进步了，但是，"服务型政府"应服务什么呢？它应当还是服务于建立社会主义市场经济，使市场手段与计划手段更好地配合，以最有效地配置资源，促进我国经济社会可持续发展，解决市场失灵问题。服务型政府应

---

① 田毅鹏.转型期中国城市社会管理之痛.探索与争鸣，2012(12).

② 美国财政赤字2月份达2209亿美元.中广网，2010-3-11.

③ 林放.小政府，大社会的设计者.南国风，1988(9).

④ 关信平先生称之为"福利机制"，这更切合实际。但福利机制一般是用在非市场领域，计划机制则不限。资料来源：关信平.社会政策行动中的市场机制和福利机制.中国社会导刊，2008(16).

⑤ 文军.民生乃社会建设之本.探索与争鸣，2010(1).

当是一个“强政府”，尤其是中央政府必须是强政府，以有效地控制全国，统筹各方面的发展，否则还是解决不了实质问题。

总之，我国政府尚处于转型中，发展民办高等教育便出现了越位与缺位的现象。越位是因为计划经济下的政府的职能惯性，那时政府包办高等教育；缺位是因为在传统社会中政府的职能的作用，是那时政府基本不管私立教育，以及目前尚未完成转型的政府未能承担其职能的缘故。

（四）社会转型理论对大学生就业难的解释

所谓的大学生就业难，并不是绝对的就业难。目前大学生就业难很大程度是因经济转型过程中，投资、消费、进出口“三驾马车”的失衡所造成的。

1. 投资失衡

改革开放以后，投资是中国经济增长的最主要动力。但目前中国的投资失衡已比较严重。

首先，从1997年以来，全社会固定资产投资增长迅速，由1997年的8.9%，增长到2012年20.3%，年均增长20.06%，增长速度非常快。从城乡来看，大部分资金投向是城镇，而广大农村则较少。1997年，城镇与农村的固定资产投资比是3.34∶1，到2011年则急剧扩大到33.27∶1，投资进一步向城镇倾斜的趋势特别明显。

长期以来，国家对农村的投资不足，农业靠天吃饭的特征更加明显[①]，农业生产的风险与收益存在巨大的不对称性，加上制度上的因素，使得农村农业部门在和城市工业部门的资金争夺战中处于极为不利的地位。银行等金融机构更愿意同城市工业部门发生关系，而不愿意将资金借给农业部门，另一方面，中央文件明确规定不能用耕地、房产作抵押品从事借贷活动，而农民除了土地、房产外很难有能满足银行要求的资产作为抵押担保品从而向银行借得发展所需的资金。这些因素综合作用的结果是：一方面包括农业银行在内的大量银行、非银行金融机构从农村撤出，农业部门难以获得作为现代经济发动机的现代金

① 近些年来的各地旱灾再次揭示出中国对农业的严重“欠账”。

融服务，另一方面，农业部门少得可怜的积蓄通过农村信用社、邮政储蓄和设置在城里的银行源源不断地流向城市部门。[①] 改革开放以来，农民储蓄存款与农民贷款形成了鲜明的反差。1980 年农民的农信社储蓄存款余额为 117 亿元，到 2000 年上升到 12355 亿元，而同期农民贷款余额只由 67 亿元增加到 3588 亿元。1980～2000 年农民资金仅从农信社渠道净流出 8722 亿元，若考虑邮政储蓄因素，该期间农民资金净流出合计 10334 亿元，[②]这使得农村经济的发展因“贫血”而更加缓慢。此外，农村公共产品供应方面，对农村的投入也不足。包括教育公共资源配置、卫生资源配置等方面，尽管近年稍有改善，但过去长期是采取“一国两策”的办法，农村公共产品由农民自理，欠账非常严重。

从东、中、西部区域投资来看，资金更多的是投入东部地区，广大的中西部地区投资额度不够。2012 年，全社会固定资产投资 374676 亿元，其中东部的北京、天津、河北、上海、江苏、浙江、广东、山东、福建、海南占了全国的 40.50％；中部地区的安徽、江西、河南、湖北、湖南、山西占全国的23.46％；而广大的西部地区，包括内蒙古、广西、重庆、四川、贵州、云南、西藏、陕西、甘肃、青海、宁夏、新疆占全国的 23.69％。投资的区域失衡使差距进一步扩大。

其次，投资的产业结构很不合理。以 2003 年为例，全社会固定资产投资为 55566.6 亿元，其中制造业占 26.44％，房地产业占 23.65％，科学研究、技术服务和地质勘查业只占 0.51％，教育只占 3.01％，卫生、社会保障和社会福利业只占 0.73％。到 2010 年全社会固定资产投资比 2003 年增长了 4 倍，其中制造业占比增长到 31.86％，房地产业占 23.33％，科学研究、技术服务和地质勘查业下降到 0.50％，教育下降到 1.45％，卫生、社会保障和社会福利业略有增长，为 0.76％。这种只注重物质资本投资、而忽视人力资本投资的投资结构，对中国经济的可持续发展是极为不利的。

此外，从资金所投向的企业来看，银行贷款通常都是投向大型国有

① 郑绍庆. 城乡二元经济结构与财富的隐性转移. 调研世界，2005(9).

② 闫伟. 构建和完善分配制度体系建设社会主义新农村. 地方财政研究，2006(6).

企业，而中小企业融资难。

总之，投资失衡使得基层地区、中西部地区、中小企业等吸收大学毕业生的能力大大降低。

2. 消费失衡

由于财富分配两极分化，多数中国人并不富裕，国内居民消费不足成为我国经济发展中的突出问题。2000 年，中国的居民消费率为 46.7%，印度 64.2%，美国 69.0%，日本 56.2%，德国 58.9%，到 2009 年中国的居民消费率下降到 35.0%，而美国则增长到 71.2%、日本增长到 59.3%，印度下降到 56.0%，但远比中国高。①

在国内消费不足的情况下，其他消费很大程度上是由政府在推动。

从上世纪 90 年代以来，国家财政决算支出由 1990 年的 3083.59 亿元增长到 2010 年的 89874.16 亿元，增长了 28.15 倍，年均增速为 18.0%，其中，国家财政决算支出中行政管理费支出由 1990 年的303.1 亿元增长到 2010 年的 15124.08 亿元，增长了 48.90 倍，年均增速不仅远高于国内生产总值的平均增速，而且远高于国家财政决算支出的平均增速。②

我国行政管理费与一些国家相比高出较多。2003 年，行政管理费用占财政支出的比重是 19.0%，同期日本的比重为 2.38%，英国为 4.19%，韩国为 5.06%，法国为 6.5%，加拿大为 7.1%，美国为 9.9%，我国比这些国家分别高出 16.62、14.81、13.94、12.5、11.9 和 9.1 个百分点，而且近年来行政管理费用还在大幅度增长。2005 年行政管理费占财政支出的比重为19.2%，超出国际货币基金组织 15.6% 的标准。③

政府消费增长过快，直接形成了对居民消费的挤压，进一步造成居民消费低迷，反过来又加大对政府消费的依赖，消费畸形发展。

消费失衡使一部分人过度消费，而另一部分人正常的消费（包括具

① 资料来源：国家统计局网站：www.stats.gov.cn。

② 资料来源：国家统计局网站：www.stats.gov.cn。

③ 任玉岭. 行政成本之高令人触目惊心. 科学决策月刊，2006(4).

有投资性的高等教育消费)无法满足，导致国内消费低迷，影响经济发展，进而影响大学生就业。

3.进出口失衡

改革开放以来，一定程度上放弃了经济建设中应当坚持的独立自主原则，使进出口在我国经济发展中的重要性越来越大，进出口的不平衡问题越来越严重，在国际产业链分工中处于劣势的局面越来越明显，一方面所得的利润微薄，另一方面对大学生的吸收能力非常差，大量企业只要农民工，不需要大学生，或者大学生只能去干农民工的工作，这极大影响了大学生的就业率和就业质量。

总之，经济结构转型中出现的失衡对大学生就业影响非常大，成为大学生就业难的主要原因。

此外，社会转型理论也可以解释民办高校办学目标的错位问题。因在社会转型时期，国家对民办高校的各方面政策法规都还很不完善，各种政策法规的执行力度又千差万别，政府部门没有很好地担当起监督民办高校的职能，这些使得民办高校办学目标往往出现错位。

综上所述，通过社会转型理论的分析说明，民办高等教育市场化发展模式难以持续下去，既有民办高等教育自身的原因，也有由整个社会结构转型过程中出现的问题导致的原因。

第五章　美国私立高等教育发展模式的经验借鉴

研究中国民办高等教育发展模式转型问题,借鉴国外,尤其是发达国家私立高等教育发展的经验,同时将它与中国的进行比较,以获得有益启示是非常必要的。本书以美国的私立高等教育为例,这主要是因为美国是当今世界唯一的超级大国,它的高等教育是世界高等教育的中心,在过去的50年,不管用哪种标准来衡量,无论是诺贝尔奖获得者的数量、申请专利者的数量,还是科学著作的引用率,美国高等教育都是世界一流的①;更重要的是,世界各国的私立高校,无论绝对数量,还是相对数量,美国都是私立高校最多的国家之一,且世界一流高校中,美国私立大学占了绝对优势。2012年福布斯美国大学排行榜中,前20名中除了美国军事学院(即西点军校)外,其余的全是私立大学。这些都表明,美国私立高等教育的发展模式是比较成功的。因而,研究美国的私立高等教育模式具有代表性与典型性。

第一节　美国私立高等教育的发展演进

美国私立高等教育发展至今大致分为四个阶段,即殖民地时期、美国独立到南北战争前、南北战争到二战前夕、二战至今。

① [美]菲利普 G.阿特巴赫,帕特丽夏·J.冈普奥特,D.布鲁斯·约翰斯通.为美国高等教育辩护.别敦荣,陈艺波,译:中国海洋大学出版社,2007:276.

一、殖民地时期

美国独立前,殖民地时期的高等教育基本是宗主国——英国教育的再现,还没有独立的高等教育体系。最早定居美国荒野中的第一批移民便深知教育对他们决心创立的美好社会如何重要,他们离开英国不到20年,便开始创办大学。据哈佛早年的校史,建校的动机出于宗教:在解决了吃住,“兴建利便礼拜上帝的地方并且成立平民政府”之后,殖民地开拓者“便力求掌握高深学识并把这种学问留传下去,生怕牧师一旦物化,会把教堂留给不识字的神职人员”。实际上,创办哈佛的动机不单是训练神职人员,也是为将来社会上地位崇高的人提供“普通教育”。①

1636年,在一群清教徒的积极倡导和影响下,马萨诸塞湾总法院和该殖民地总监约翰·温思罗普批准,拨款400英镑建立一所学院。次年,总法院命名学院的所在地为“坎布里奇”(Combridge),校名为“坎布里奇学院”。1639年,总法院又决定改名为“哈佛学院”(Harvard College),以纪念青年牧师约翰·哈佛(John Harvard),他病逝前把一半家产,即779英镑17先令2便士和400册藏书捐赠给了坎布里奇学院。约半个世纪以后,殖民地的第二所学院——威廉玛丽学院(The College of William and Mary)在弗吉尼亚的威廉斯堡建立。美国殖民地时期创立的第三所高等学校是耶鲁学院(Yale College)。该校是由清教徒中公理会教士于1701年在康涅狄格州的基林沃斯创立的,1718年采用耶鲁学院这个名字,以纪念捐款550英镑建立该校的英国慈善家伊莱休·耶鲁(Elihu Yale)。

此外,美国殖民地时期建立的高等学校还有:1749年由富兰克实科中学改建的菲列德尔菲亚学院(Philadelphia College,1751年发展成为宾夕法尼亚大学(University of Pennsylvania);1754年在纽约创建的英皇学院(King′s College,1787年改名为哥伦比亚学院(Columbia

---

① [美]弗雷德·赫钦格,格雷丝·赫钦格.美国教育的演进.汤新楣,译.美国驻华大使文化处,1984:5－6.

College),后于 1912 年定名为哥伦比亚大学);1746 年在新泽西建立的普林斯顿学院(Princeton College);1769 年在新罕布什尔建立的达特茅斯学院(Dartmouth College),以及罗德岛学院(College of Rhode Island,1769,后改名为布朗大学(Brown University))和新泽西的王后学院(Queen's College),后改名为拉特格斯大学(Rutgers University)。

殖民地时期美国高等学校都是私立的,共 9 所,[①]主要控制在教会手中。这些学院都是为上层社会服务的小型古典学府,其目标是培育有教养的人士。[②] 美国此时高等教育的发展状况是由当时的经济社会基础决定的。一直到建国后的 1790 年,美国首次人口调查表明,其人口仅近 400 万,尚无可观的工业活动,几乎全部人口都是依靠土地为生的农业人口。[③]

殖民地时期美国的私立高等教育在非营利发展模式下运行,为后来美国私立高校的发展奠定了许多优秀传统。殖民地时期美国私立高等教育有以下特点:

第一,举办者主要是教会,而所有者是董事会。美国私立大学由董事会控制的传统在哈佛大学创办时就形成了。在美国私立高等教育早期,董事会中占主导地位的成员是牧师和地方官员所代表的传统社会精英。[④]

第二,已存在校长这一角色。美国私立高校中,校长在 1636 年哈佛学院建立的时候就存在了。不过,由于当时私立高校规模较小、结构简单,由外行的董事会控制,导致校长权力较弱。即使在这样的时期,校长的角色也是必需的,其职能包括教学、宣传、筹款、保持记录以及(尤其是)维持学生的纪律等,但在一个知识特定、权限相对单一的体制

① 陈学飞.美国高等教育发展史:四川大学出版社,1989:2—3.

② [美]弗雷德·赫钦格,格雷丝·赫钦格.美国教育的演进.汤新楣,译:美国驻华大使文化处,1984:200.

③ [美]加尔文·D.林顿编.美国两百年大事记:上海译文出版社,1984:43.

④ 和震.美国大学自治制度的形成与发展:北京师范大学出版社,2008:169.

之下，大多数校长都能够有效地完成预期任务。[①]

第三，办学的目标不是为满足市场的需要，也不是为了举办者营利，主要是为了培养教士。在当时还处于农业社会的北美荒野上，各举办者主要是受学院能培养教士的激励，出于现实生活和在原野中生存的需要[②]，从而不畏艰难地办学。教派之间的激烈竞争，使得每个教派似乎都想在每一州每一地区设立至少一所学院，以显示其积极。学院和教堂一样，成了美国生活的一部分。[③]

第四，办学资金来源多样。以哈佛学院为例，哈佛学院依靠私人捐款、学生缴费和政府补助为经济来源。由于收入不足开支，便于1641年由名流彼得(Hugh Peter)、威尔德(Thomas Weld)、希宾斯(William Hibbins)赴英，筹募学院基金，并创立了基金会。从1669年到1682年，哈佛学院每年平均收入的52.7%是由政府开支，12.1%来自私人捐助，9.4%来自学费。[④] 对于学生而言，要交一定的费用，并非完全免费。其中，政府对学院的资助形式及来源多样，第一种是议会的拨款，第二种是各种形式的税收，第三种形式是实物，第四种是彩票收入。政府的资助强化了殖民地学院的公共性特征。[⑤] 即便是美国建国以后，私立高校仍然得到政府的财政资助，比如，直到1814年到1823年的十年内，州政府仍每年拨款一万元给哈佛。[⑥]

二、美国独立到南北战争前

1775～1783年的美国独立战争结束了英国对十三个殖民地的统

① [美]菲利普·G.阿特巴赫，罗伯特·O.波达尔，帕崔凯·J.甘波特.21世纪的美国高等教育：社会、政治、经济的挑战.施晓光，蒋凯，译.第2版：中国海洋大学出版社，2007：266－269.

② [美]加尔文·D.林顿.美国两百年大事记：上海译文出版社，1984：117.

③ [美]加尔文·D.林顿.美国两百年大事记：上海译文出版社，1984：119.

④ 滕大春.美国教育史：人民出版社，1994：77.

⑤ 和震.美国大学自治制度的形成与发展：北京师范大学出版社，2008：96－100.

⑥ [美]弗雷德·赫钦格，格雷丝·赫钦格.美国教育的演进.汤新楣，译：美国驻华大使文化处，1984：115－116.

治。1787 年美国制定了宪法，正式建立联邦政府。[①] 1791 年美国联邦宪法修正案第十条规定："凡本宪法所未授予联邦、也未禁止各州行使的权力，均由各州或人民保留。"按当时的理解，教育应由各州掌管，称为"保留权力"。[②] 这为美国私立高等教育的管理体制打下了基础。

在此阶段，首先值得一提的就是达特茅斯学院案。1816 年，美国政治家托马斯·杰菲逊及其支持者把达特茅斯私立学院改为州立大学，引起了学院不满并提出上诉。[③] 此案基于政治纠纷而不是财务纠纷。1819 年，最高法院裁定原来的达特茅斯学院特许状是一种获宪法保护不受州干涉的合约。人们认为这是个极其重要的裁定，因为它保护所有私人机构——不仅是学院而且也包括公司在内——不受政府控制。美国公立与私立高等教育机构从此才有了较为明显的区别。达特茅斯一案给出了明确界定，学院是私立机构，由校董会管理，不受政治影响。这个裁定也从侧面明确表明了，有赖各州资助才能生存的一些财力薄弱的学院有宣告破产的自由。[④]

菲利普 G. 阿特巴赫指出，达特茅斯学院案解决了自独立革命以来院校公共职责与私人管理混乱不清的问题，更重要的是解决了各院校的所有权问题。多年以后，达特茅斯学院案件仍有较大的影响。大学虽然有私立与公立双重性质，但私立性质日趋明晰，不仅东部的州立院校完全私立化，新建的一些性质模糊的教会院校也走向了私立院校的行列。[⑤]

以《权利法案》为基础，达特茅斯学院案的裁决确立了私立大学独立于州的立法权及行政权之外的地位，为美国私立大学长期以来得以

---

① 陈学飞. 美国高等教育发展史：四川大学出版社，1989：24.

② 张维平，马立武. 美国教育法研究：中国法制出版社，2004：24.

③ 吴福光，张仕华. 美国私立大学发展的历史进程、贡献及启示.《高等教育，2000(5).

④ [美]弗雷德·赫钦格，格雷丝·赫钦格. 美国教育的演进. 汤新楣，译：美国驻华大使文化处，1984：118－119.

⑤ [美]菲利普·G. 阿特巴赫，罗伯特·O. 波达尔，帕崔凯·J. 甘波特. 21 世纪的美国高等教育：社会、政治、经济的挑战. 施晓光，蒋凯主，译. 第 2 版：中国海洋大学出版社，2007：35－36.

存在、和公立大学并行发展奠定了基础。可以肯定地说,如果没有达特茅斯学院案的裁决和二战后其他法律的保障,美国高等教育也就失去了多样化、多元化、灵活性的特点。[①]

联邦最高法院对达特茅斯学院案的判决,尤其鼓舞了教派创办院校这方面的势力。1820～1860年,教派院校遂如雨后春笋,据统计,1860年全国公私立院校共182所,教派院校便达116所之多。卡布来在《美国公共教育》中说,1860年全国院校共246所,其中仅17所是州立的。[②] 可见,私立高校占绝对优势。除了教派仍然是重要的办学主体之外,独立战争以后,私人或私人团体创办各类专门学校已越来越普遍。[③]

然而,即使到了1860年,美国主要还是农业社会,仍有84%的人口居住在人口数不足8000人的社区,其中绝大多数是独立农民。[④] 所以,美国私立高等教育的发展还是很有限。不过,截止到南北战争以前,具有美国特色的高等教育体系已经有了一个初步的轮廓。[⑤]

总之,在此阶段,美国私立高等教育的发展有一个重要的变化,就是达特茅斯学院案之后,随着学院私立性质的确认,公共资金的支持就变得越来越少了。[⑥] 但是,美国私立高等教育仍然是在非营利模式下继续向前发展的。

三、南北战争到二战前夕

南北战争是美国高等教育的分水岭。[⑦] 达特茅斯学院案之后,联

---

① 张维平,马立武.美国教育法研究:中国法制出版社,2004:37.

② 滕大春.美国教育史:人民出版社,1994:217－218.

③ 吴向明.美国高等院校招生制度研究:中国社会科学出版社,2008:21.

④ [英]安迪·格林.教育与国家形成:英、法、美教育体系起源之比较.王春华,等,译:教育科学出版社,2004:74.

⑤ 陈学飞.美国高等教育发展史:四川大学出版社,1989:52－53.

⑥ 王廷芳.美国高等教育史:福建教育出版社,1995:91.

⑦ [美]菲利普·G.阿特巴赫,罗伯特·O.波达尔,帕崔凯·J.甘波特.21世纪的美国高等教育:社会、政治、经济的挑战.施晓光,蒋凯主,译.第2版:中国海洋大学出版社,2007:38.

邦政府有关教育的立法甚少。1862 年的《莫里尔法案》是联邦干预高等教育的肇端,《莫里尔法案》适应了美国在工农业迅速发展和人口激增后对高等教育的新需求,使得美国现代公立大学体系开始形成,同时,它把为公众服务的理念引入了美国大学。这对私立高等教育的发展也有一定的影响。①

1862 年,在南北战争进行之际,为促进文科教育和若干专门领域的实用工业教育。美国众议员贾斯汀·莫里尔(Justin Morrill)提出,并由国会通过一项法案,这就是《莫里尔法案》(Morrill Act)。② 法案规定联邦向每个州赠送土地或相当于地价的资金,以帮助各州至少建立一所除传授一般知识外还要培养学生掌握农业和机械知识的学院。③ 法案通过后,联邦共拨土地面积多达 1.6 万平方英里。④“赠地办学”这一创举,对美国高等教育其后的发展起了重大的作用。⑤

《莫里尔法案》给各州提供了大范围的补贴,并允许各州自由决定如何使用补贴,只是详细说明了,除了那些传统的、很大程度上依然经典的大学课程之外,大学还要提供“算术、制造艺术和军事策略”的教育。特别值得注意的是,第一个《莫里尔法案》的显著特征是给予私人特别是慈善组织办学优先权,这是美国高等教育史上前所未有的。⑥ 1862 年,法案颁布之初,私立院校如拉特杰斯大学、布朗大学、耶鲁大学等都凭借获赠的土地而得到了巩固;⑦1868 年建成的私立康奈尔大学,领取补助后便逐渐发展成为农业专业方面赫赫有名的学府;马萨诸

---

① 张维平,马立武.美国教育法研究:中国法制出版社,2004:137－138.

② [美]弗雷德·赫钦格,格雷丝·赫钦格.美国教育的演进.汤新楣,译:美国驻华大使文化处,1984:124.

③ [美]弗雷德·赫钦格,格雷丝·赫钦格.美国教育的演进.汤新楣,译:美国驻华大使文化处,1984:201.

④ 滕大春.美国教育史:人民出版社,1994:398－399.

⑤ [美]弗雷德·赫钦格,格雷丝·赫钦格.美国教育的演进.汤新楣,译:美国驻华大使文化处,1984:124.

⑥ [美]菲利普·G.阿特巴赫,罗伯特·O.波达尔,帕崔凯·J.甘波特.21 世纪的美国高等教育:社会、政治、经济的挑战.施晓光,蒋凯,译.第 2 版:中国海洋大学出版社,2007:40.

⑦ 张维平,马立武.美国教育法研究:中国法制出版社,2004:137－138.

塞州于1865年将拨地的1/3补助给一所早已成立的私立学府，其后发展成为大名鼎鼎的麻省理工学院。[①] 1890年，第二个《莫里尔法案》通过后，有六个州把赠地资金用于在已有的私立学院设立农机教育计划上，到1930年，联邦用于这些项目的资金达到230万美元，联邦政府的资助不仅刺激了州立大学的发展，也不同程度推动了私立大学的发展。[②]

自南北战争以后，美国高等院校很明显朝着为工农生产事业发展而服务的方向前进，同时也朝着为发展学术而服务的方向前进。在农工学院发展的同时，1876年美国诞生了另一新型的私立大学——约翰·霍普金斯大学。约翰·霍普金斯大学代表面向学术建设的高等学校的成长方向，是受德国启发并适应美国学术发展的需要而出现的学府。

约翰·霍普金斯大学注重研究和发明，旨在促进学术的飞跃，而不只是传递文化。约翰·霍普金斯大学研究生院是美国大学中最先创立的研究生院，构成了大学的心脏，独具名望。约翰·霍普金斯大学自1876年建校至1926年，仅半世纪之久，全国1000名卓越的科学家中，毕业于该校者就有243人，约占1/4之多。人才和学术的财富弥足珍贵，美国迅速跨入国际科学强国之列绝非偶然。

约翰·霍普金斯大学虽是最为人所称道的，但就全美国而言，取法德国大学而迈步前进的学府先后不断出现。曾经留学德国的美国青年充任大学校长和充任教授者为数众多，他们竞相遵循的都是德国的大学办学和讲学方式。[③]

到了20世纪20年代，美国高校入学人数大约增加了一倍，规模的扩大带来了教育质量的变化，美国高等教育开始了马丁·特罗提出的高等教育从精英阶段到大众阶段的过渡。此时，美国高等教育的大众化趋势表现为初级学院、师范学院和城市服务大学的迅速发展；新院校

① 滕大春.美国教育史:人民出版社,1994:401.

② 张维平,马立武.美国教育法研究:中国法制出版社,2004:137－138.

③ 滕大春.美国教育史:人民出版社,1994:395－410.

及已有院校都开始实施高等教育扩招政策；私立的城市大学不断发展，它们大多开设了非全日制专业课程，例如，1930年，纽约大学、西北大学、南加州大学和波士顿大学部分时制和暑假（夏季）班的学生数远远超过了全日制的学生数。

另外，美国还创办了具有美国特色的高校，即初级学院。布林特（S. Brint）和卡拉贝尔（J. Karabel）说："20世纪美国高等教育的所有变革中，没有哪一项的影响能超过两年制初级学院的兴起。"克拉克·克尔（C. Kerr）说："两年制社区学院的发明是20世纪美国高等教育的伟大革新"。[①] 美国前总统克林顿说："社区学院是美国的最佳特色。"美国参议员弗尔克洛思（Lauch Faircloth）说："据我所知，社区学院是美国政府所资助的唯一成功的职业培训工程。"

早在1900年，美国已有8所初级学院。这些初级学院都是私立的，规模很小，入学总人数仅100名，平均每所学院只有12名左右的学生。但是美国的初级学院运动一开始发展就很迅速，[②]到1939年，美国已有初级学院575所，其中，私立的317所，占总数的55.13%。[③] 初级学院主要为当地居民提供高等教育的机会，也包括城市及西部人口密度较大地区的居民。到1940年为止，就读于初级学院的学生占全美高等教育学生数量的11%，这些初级学院与当地高中关系密切。初级学院的出现无疑对美国高等教育的结构和目标产生了深远影响。[④]

总之，在1860年以前，美国已有院校数百所，南北战争后仅存200所，院校消亡率很高。当时科学迅速发展，分工日趋精密，工、农、商业发展特别有赖于科学技术的支援，院校在客观形势下必须做出反应。自南北战争后到1885年，大学院校约为300所，1940年增加到1800

---

① S. Brint, J. Karabel. *The Diverted Dream: Community Colleges and the Promise of Educational Opportunity in America*, 1900～1985. New York: Oxford University Press, 1989: 23.

② 毛澹然. 美国社区学院：高等教育出版社，1989：9.

③ 毛澹然. 美国社区学院：高等教育出版社，1989：21.

④ ［美］菲利普·G. 阿特巴赫，罗伯特·O. 波达尔，帕崔凯·J. 甘波特. 21世纪的美国高等教育：社会、政治、经济的挑战. 施晓光，蒋凯，译. 第2版：中国海洋大学出版社，2007：43.

所。以1890年而论，院校学生仅15.6万人，为当时18至21岁青年总数的3%；以1935年而论，院校学生达120.85万人，为当时18至21岁青年总数的13%；到1941年，学生总数计145万人，适龄青年入学者与总数比约为1/7，平均每五户家庭中就有一人。随着大学院校数量增加，大学院校规模日趋扩大。1885年约300所，其中有学生250名以上者仅9所。20世纪初期，许多“小大学”都变成了“大大学”了。殖民地时期的仅有数十名学生的学院，到南北战争后发展为数千人，“一战”后就出现了万人大学；教职工人数同样增多，1890年，全国高等院校教职工为1.6万人，到1940年则达14万人之多；此外高等教育经费也大为增加。这样“大上快上”在当时是举世无双的。尤其值得注意的是，在美国高等教育发展的这个阶段，私立院校多于公立院校。就美国各级学校的公私校所占比例而言，初等学校公立占89.5%，私立占10.5%；中等学校公立占92.5%，私立占7.5%。可见，公立占绝大多数，但在高校范围内则私立多于公立。根据联邦教育局所发布的1943～1944学年统计表，全国共有各类高等院校1702所，其中州立的360所，地区和城市设立的201所，共计561所；但私立的453所，新教派设立的480所，天主教设立的208所，共计1141所，远远超过公立院校，约为公立的2倍，而且，私立院校中包括极多的学术水平高的名牌学府。① 此外，第二次世界大战以前，80%的大学生就读于私立大学。②

综上所述，南北战争到二战前夕，美国私立高等教育也仍然是在非营利模式下继续快速发展的。另外，从美国教育部的最早统计数据来看，美国政府对私立高校的资助，在1929～1930学年间大增，达到3.41亿美元，比公立的2.92亿美元还要多。③ 随后，美国政府对私立高校的投入继续逐年增加。

① 滕大春.美国教育史:人民出版社,1994:410－412.

② [美]弗雷德·赫钦格,格雷丝·赫钦格.美国教育的演进.汤新楣,译.美国驻华大使文化处,1984:152.

③ 资料来源:美国国家教育统计中心网站:http://nces.ed.gov。

四、二战至今

二战以后,美国在发展精英高等教育的同时,大力推行大众高等教育政策,高等教育获得迅速发展。

早在1944年,美国国会为了补偿战争期间做出贡献的参军服役人员,减少战后可能出现的失业率,于1944年5月通过了著名的《军人权利法案》(G. I. Bill of Right)。该法案规定,为战时所有在军队服役90天以上的人员提供1年、最多不超过4年的教育和训练。在此法案的激励下,1945~1946年进入高校的退伍军人总共达223.2万人。《军人权利法案》的实施不仅使大量由于战争而失学的青年受到高等教育,也为战后的美国培养了成千上万的专门人才,促进了高等教育的发展,直到现在仍有许多院校从该法案中间接获益。这不仅促进了公立大学的发展,客观上也促进了私立院校的建立及发展。从1940年到1950年,私立大学的学生数从70万人上升到130万人,而同期州立大学的学生数从80万人上升到135万人,私立大学比州立大学发展得更快。

然而,自1944年的《军人权利法案》以后,联邦政府却迟迟没有再出台任何重大的资助高教的法规,直到1957年前苏联的第一颗人造卫星发射上天极大地震惊了美国朝野后,美国国会才迅速行动起来。1958年通过了影响深远的《国防教育法》。《国防教育法》成为战后美国高等教育领域中最重要的法律之一。此后,美国国会在60年代又通过了一些教育法案,大力促进高等教育的优先发展,包括1963年通过的《高等教育设施法》,由联邦政府向高等学校提供建设、改建和改善各种教育设施的大笔资金,其目标是促进美国高等教育的快速发展,使年轻的一代有广泛的机会充分发展个人的才能,从而保证美国在国际竞争中的有利地位。此外还有1964年通过的《经济机会法》、1965年的《高等教育法》以及1968年的《国防教育法修正案》等。《高等教育法》明确规定联邦政府要向公立和私立高等学校提供定期的全面资助。美国国会分别于1968年、1972年、1976年、1980年和1987年通过了对1965年《高等教育法》的延长和修正案,继续扩大对高等学校提供资助的范围和规模。此外,美国国会于1946年通过《福布莱特法案》(于

1961年修订，改称《双边教育和文化交流法》)，1966年又通过《国际教育法》。这些法律都旨在促进教师、研究人员、学生与世界各国的交流，使美国的高等教育日益国际化，吸引优秀人才接受高等教育，吸收世界先进科技和文化知识。

应当说，1965年的《高等教育法》是美国历史上第一部在高等教育方面最系统、最完整的法律，它第一次明确规定，联邦政府要向公、私立高校提供长期的资助。[①] 它表明国家对高等教育采取了直接干预的方式。正如前哈佛大学校长帕西所言，该法是联邦政府问心无愧地直接关心高等教育而制定的第一个法令，它的实施改变了美国教育界对联邦干预的消极甚至反对态度。帕西曾经生动地描述这一改变，在美国高等教育界，以前唯恐联邦政府的经费渗入、使高等教育受到控制的想法丧失殆尽，令人啼笑皆非的是，一种新的、更大的忧虑取而代之，这种忧虑不是担心大学的行动自由受到联邦政府的干涉，而是担心政府的援助不能与通货膨胀速度相匹敌。该法颁布以后，联邦政府对高等教育的资助大幅度增加，60年代中期，联邦政府拨款在大学财政收入中的比例已达22.4%。[②]

70年代中期以后，美国出现了战后最严重的经济危机，加之80年代美国国内政治气候发生了重大转变，因而美国高等教育也出现了许多重大变化。

总之，在此阶段，尽管美国公立高等教育迅速普及化发展，也未能阻碍私立高等教育继续得到发展。我们可从以下几个方面来看：

第一，从机构数来看。1949年，美国共有学位授予机构1851所，其中私立的1210所，占总数的65.37%。学位授予机构中四年制的1327所，私立983所，占74.07%；两年制的524所，私立227所，占43.32%。到了2012年，美国共有学位授予机构4706所[③]，比1949年增长了154.24%，其中私立的3057所，占总数的64.96%，比1949年增

① 张维平，马立武.美国教育法研究：中国法制出版社，2004：138－140.

② 张维平，马立武.美国教育法研究：中国法制出版社，2004：44.

③ 包括分校区。

长了152.64%;学位授予机构中四年制的2968所,私立2286所,占77.02%,比1949年增长了132.55%;两年制的1738所,私立771所,占44.36%,比1949年增长了239.65%。

第二,从授予的学位来看。1969～1970学年,私立高校授予的副学士学位35057个,是公立的20.51%,授予的学士学位272766个,是公立的52.50%,授予的硕士学位73746个,是公立的54.81%,授予的博士学位10683个,是公立的55.69%。到了2010～2011学年,私立高校授予的副学士学位增长到245539个,比1969～1970学年增长了6.00倍,是公立的35.23%;授予的学士学位增长到627616个,比1969～1970学年增长了1.30倍,是公立的57.67%,授予的硕士学位增长到391385个,比1969～1970学年增长了3.24倍,是公立的4.31倍,授予的博士学位增长到81827个,比1969～1970学年增长了6.66倍,是公立的99.86%。可见,私立高校授予的学位都有较快增长,尤其是高端层次。

第三,从招生数来看。1966～1967学年,私立学位授予机构中,秋季招生数为172.2万人,占公私立总数的28.62%。到2010～2011学年,私立学位授予机构共招生804.96万人,比1966～1967学年增长了3.67倍,不过,所占公私立总数的比重为28.17%,基本与过去持平。

第四,从学生总数来看。1940年,全美大学生149.4万人,其中私立69.8万人,占46.72%。[①] 2010年,全美大学生21016126人(包括四年制的12906305人,两年制的7521406人),其中,私立高校学生5873317人(包括四年制的5197108人,两年制的462837),比1940年的私立高校学生数增长了7.41倍,占2010年全美大学生总数的27.95%。[②]

然而,在此阶段,特别是70年代以来,美国私立高等教育的发展模式开始发生了一些变化,即除了传统的非营利发展模式之外,还出现了营利发展模式。不过,总体而言,尽管美国营利性的私立高等教育已取

① 姚云.美国高等教育法治研究:山西教育出版社,2004:92.

② 资料来源:美国国家教育统计中心网站:http://nces.ed.gov/programs/digest。

得了较大成绩,但截止到2012年,其在美国私立高等教育整体中并不占有主导地位。

综上所述,尽管二战以来美国私立高校学生比重在下降,(二战以前80%的大学生就读于私立大学,1974年后差不多只有20%了[①])美国私立高等教育仍占举足轻重的位置,并且从目前的形势来看,这种态势仍将持续下去。

第二节 美国私立高等教育发展模式的特征

美国私立高等教育发展模式的特征主要包括以下方面:

一、产权模式

保护私有产权一直是美国立宪的重要原则。达特茅斯学院案后,再也没有侵犯私立教育机构产权的重大事件,私立教育机构的产权受到尊重与保护。[②]

美国私立高校的产权模式主要包括两种,一是非营利性高校的产权模式,一是营利性高校的产权模式。

美国非营利性高校的校产归校董事会拥有。[③] 董事会虽然对教育机构的财产有处置权,但董事会的成员并不拥有教育机构的任何财产。办学盈余转为办学积累或基金,用于学校的继续发展,不能用于分配,不能自由转让资产。[④]

营利性高校的产权,具有与其他营利性公司同样完整的产权权能,其所有权归投资者(即所有者)。营利性高校所有权主体的权、责、利是明确的:产权主体拥有在法规和契约规定下行动并获得利益的权利,同时也要承担相应的责任,如行动效果不好要承担损失,违背法规和契约

① [美]弗雷德·赫钦格,格雷丝·赫钦格.美国教育的演进.汤新楣,译:美国驻华大使文化处,1984:152.

② 王伟.美国营利性教育机构制度环境分析:陕西人民出版社,2005:206-207.

③ 驻纽约总领馆教育组.美国的营利性高等教育.中国高等教育,2003(19).

④ 王伟.美国营利性教育机构制度环境分析:陕西人民出版社,2005(52).

要受到惩罚。

营利性高校拥有财产排他的使用性、自由的转让权和收入的独享权,“属于私有教育机构的资产可以售卖给其他的机构或个人,也可以租赁或赠送给其他的机构或个人”,自有校产可以转让、抵押,可以入股、合作。①

二、治理模式

美国私立高校的治理模式包括非营利性高校的治理模式与营利性高校的治理模式。

(一)非营利性高校的治理模式

早在殖民地时期,马萨诸塞州就明文规定,大学和学院中必须由校外人士组成一个机构负责管理和监督大学的各项事务。这种管理形式在美国的大多数高校成立时被延续了下来,称为“董事会”“理事会”“观察委员会”“访问委员会”“督导委员会”或“管理委员会”等。20 世纪以来,大学董事会制度更加完善和规范化。虽然美国大学的种类、办学目标多种多样,但其管理体制有较多共同点。除天主教会开办的大学直接由教会主管外,无论公立私立、规模大小,绝大多数大学在学校管理上都采用大学董事会制度。②

从美国早期学院开始,董事会中占主导地位的成员是牧师和地方官员所代表的传统社会精英,直到 19 世纪中期后,工商界人士和专业界人士所代表的现代社会精英逐渐取代了传统社会精英在美国大学和学院董事会中的主导地位。③

董事会在私立高校中处于权力的顶点。一般而言,董事会的权限有六项:一是决定大学行政和财政的一般方针;二是任命大学校长,也有权免去校长的职务;三是制定大学长期的教育规划;四是对应该上报的所有事情执行最终审判权;五是确保大学管理的财源;六是任命教师

---

① 王伟.美国营利性教育机构制度环境分析:陕西人民出版社,2005:207－208.

② 单中惠.外国大学教育问题史:山东教育出版社,2006:280－282.

③ 和震.美国大学自治制度的形成与发展:北京师范大学出版社,2008:169.

及管理人员。[①] 与专职校长不同，大学董事会不是常任的。另外，董事会通过定期开会来处理会议期间的事务。[②]

私立高校的董事都是兼职的，他们本身在社会上有较高的地位[③]，工作也都是无偿的[④]。由于董事会兼有筹集资金的责任，所以董事们要么通过捐赠而获得资金，要么就离开董事会。私立大学管理董事会成员倾向于将自己看作服务者，总是努力为大学获得最大利益。[⑤] 再有，作为公民代表，董事不仅对大学拥有监督的权力和责任，同时他们也像大学校长和教师一样有责任维护大学的自治，促进大学的健康发展。[⑥] 据克罗斯等人 1974 年对 68 所学院和大学行政管理人员、教师关于大学权力结构的调查表明，1964 年和 1971 年，权力拥有者中，学校董事权力排在第二位，仅次于校长。[⑦]

非营利性高校的日常管理是由校长来完成的。

从殖民地时期到南北战争，大多数院校规模较小、结构简单，由外行的董事会控制，导致校长权力较弱。然而，随着更多结构复杂的新型院校建立起来，除了传统的教学外，以往的院校还被赋予了研究和社会服务的职能。19 世纪末 20 世纪初是“巨人”的时代，校长常常行使不受约束的权力来建立伟大的机构。校长的工作变得更加困难，有人说“强加到现代大学校长身上的责任如此五花八门，以至于为一所大型院校的这个岗位找出一个有能力的人选变得越来越困难了。”大学校长，在校内，要报告其花时间所做的计划、预算、决策，还要处理学术事务和学生事务；在校外，校长要将自己投入到筹集资金、建立和运作董事会

---

① 单中惠.外国大学教育问题史:山东教育出版社,2006:281－282.

② [美]弗雷德里克·E.博德斯顿.管理今日大学.王春春,赵炬明,译:广西师范大学出版社,2006:32－34.

③ 单中惠.外国大学教育问题史:山东教育出版社,2006:283.

④ 王伟.美国营利性教育机构制度环境分析:陕西人民出版社,2005:202－203.

⑤ [美]詹姆斯·杜德斯达,弗瑞斯·沃马克.美国公立大学的未来.刘济良,译:北京大学出版社,2006:15.

⑥ [美]弗兰克·H.T.罗德斯.创造未来:美国大学的作用.王晓阳,蓝劲松,等,译:清华大学出版社,2007:257－258.

⑦ 陈学飞.美国高等教育发展史:四川大学出版社,1989:203.

的关系之中，要与社会团体一起工作，并且代表大学面对其他社会大众，并要会见政策制定者。大学校长们既要花时间来建造房屋，也要招聘最杰出的教师，还要维护和体现高校核心的学术价值。①

尽管校长工作负担沉重，但是校长权力非常大。据克罗斯等人的调查表明，1964 年和 1971 年，权力拥有者中，校长权力都排在首位。②并且，如果校长愿意（有很多校长都是如此），就可以“不退缩，不解释，做该做的事情，让他们（反对者）去号叫”③。校长的收入也不菲，有人曾对美国 190 所私立大学校长的报酬做了分析，认为学校的总支出、学校的类型以及学校的声望，尤其是该校长在任期间学校排名的提高，都与校长得到的回报密切相关。④

（二）营利性高校的治理模式

美国营利性大学既是商业机构也是学术机构，它们在教育领域被划归为“营利性高等学校”，在经济领域则被看作普通的企业部门。它们既要接受来自教育管理机构的管理监督，又要接受来自企业管理机构的管理监督。在董事会、校长、教务长、院长层面上，主导文化是商业，他们用商业术语来描述机构活动，讨论各种倡议，评估各种结果。营利性大学的学校领导体系由董事会、学校学术治理机构和学校行政管理系统构成，学校通过这个系统对内部的一切工作实施管理。具体来说，营利性高校治理模式的特征主要包括以下方面：

首先，董事会决策模式与大学成员股东化并存。就权力分配和决策形式而言，根据斯科特的研究，美国的营利性大学中更多的表现出董事会决策模式的特点，大学董事会和校长的权力较大。与传统大学相

---

① ［美］菲利普·G. 阿特巴赫，罗伯特·O. 波达尔，帕崔凯·J. 甘波特. 21 世纪的美国高等教育：社会、政治、经济的挑战. 施晓光，蒋凯，主译. 第 2 版：中国海洋大学出版社，2007：266—269.

② 陈学飞. 美国高等教育发展史：四川大学出版社，1989：203.

③ ［美］菲利普·G. 阿特巴赫，罗伯特·O. 波达尔，帕崔凯·J. 甘波特. 21 世纪的美国高等教育：社会、政治、经济的挑战. 施晓光，蒋凯，主译. 第 2 版：中国海洋大学出版社，2007：267.

④ 王伟. 美国营利性教育机构制度环境分析：陕西人民出版社，2005：20.

比，营利性大学的治理更接近于企业模式，多数美国营利性大学是由母公司所有，大学内部设有董事会，但董事会成员由母公司任命。董事会是大学的最高决策机构。

营利性大学采用股东型治理结构模式进行运营，它的一个特点就是员工拥有对公司的所有权，教师、院长、校长，甚至是注册主任、招生代表，他们常常都持有大学股票。这种股票可以通过员工股票买卖计划、退休金计划、职工优先认股权的奖励方式累积起来，当员工通过股票所有权关系变成大学投资者时，他们就会对教学事务产生风险意识，而且对企业的财务业绩也会有风险意识，当大学的所有者营利时，每个股东都会分到利润。

其次，学术与管理分家。将学术领域与管理领域分开是营利性大学区别于传统大学的一个关键特点。教师不参与学校的管理工作，他们只专注于“产品”的生产，投身于课程和课堂中，管理工作则由专业管理人员负责。

再次，强大的顾客服务体系。强大的顾客服务性系统可能是越来越多的学生选择营利性大学的一个原因。把学生当作顾客的含义在于高校对学生的需求能做出更快的反应，能把服务学生放在首位去考虑。[①]

三、经费筹集模式

美国私立高校经费筹集模式的最大特征就是经费来源多元化。不过，非营利模式与营利模式差别比较大。

（一）非营利性高校的经费筹集模式

美国私立非营利性高校的办学经费筹集，可从 2009～2010 年度私立非营利性学位授予机构的收入来源看出，详见表 5.1：

① 甘永涛. 美国营利性大学发展及其治理结构特征. 教育发展研究，2007(12).

表 5.1　2009～2010 年度私立非营利性学位授予机构收入来源

	千元(现价美元)	百分比分布
净学杂费收入	56355862	33.41
联邦拨款、赠款和合同收入[a]	22913792	13.58
州拨款、赠款和合同收入[b]	1721659	1.02
地方拨款、赠款和合同收入	471425	0.28
私人捐赠和合同收入②	18017260	10.68
投资回报(赚或亏)	28425581	16.85
教育活动收入	4821825	2.86
附属企业收入	14080329	8.35
医院收入	16541461	9.81
其他	5340047	3.17
总计	168689242	100.00

*a:包括独立业务;b:包括来自附属实体的捐赠。

资料来源:美国教育统计中心网站:http://nces.ed.gov。

从表 5.1 可见,美国私立非营利性学位授予机构的办学经费来源多元化,最主要的有六笔:第一,学杂费收入,比重最高,占 33.41%;第二,投资回报收入,占 16.85%;第三,联邦拨款、赠款和合同收入,占 13.58%;第四,私人捐赠和合同收入,占 10.68%;第五,医院收入,占 9.81%;第六,附属企业收入,占 8.35%。此外,还有少量其他收入。

(二)营利性高校的经费筹集模式

美国私立营利性高校的办学经费筹集,从 2009～2010 年度私立营利性学位授予机构的收入来源可看出,详见表 5.2:

表 5.2　2009～2010 年度私立营利性学位授予机构收入来源(现价美元)

	千元(现价美元)	百分比分布
净学杂费收入	22374050	90.64
联邦拨款、赠款和合同收入	1951202	7.90
州和地方拨款、赠款和合同收入	114075	0.46
私人捐赠和合同收入	38299	0.16
投资回报(赚或亏)	40115	0.16
教育活动收入	435519	1.76

	千元(现价美元)	百分比分布
附属企业收入	485216	1.97
其他	−753647	−3.05
总计	24684829	100.00

资料来源:同表5.1。

从表5.2可见,美国私立营利性学位授予机构的办学经费来源状况远不如非营利的,它的主要收入只有两笔:最主要的来源是学杂费,比重高达90.64%,是非营利性的2.71倍;其次是联邦拨款、赠款和合同收入,占7.90%。这笔收入占总收入的比重也远少于非营利性的。除这两笔收入外,其他收入很少,并且还存在亏损现象。美国私立营利性高校的办学经费来源主要依靠学杂费,与目前中国绝大多数民办高校相似。

四、非营利模式为主导,双模式并存

美国私立高等教育自1636年哈佛建立,一直都是非营利模式占主导地位。但到了20世纪70年代,美国私立高等教育的发展模式开始发生变化,即除了传统的非营利发展模式之外,还出现了营利发展模式。

根据美国教育部统计,1976～1977学年,美国私立营利性的学位授予机构55所,其中四年制的15所,两年制的40所,占当时所有学位授予机构的1.81%,占全部私立的3.46%。美国私立营利高等教育发展模式,虽然比非营利模式的出现要晚得多,但发展迅速。到2011～2012学年,美国营利性的学位授予机构增长到1404所,其中四年制的733所,两年制的671所,比1976～1977学年增长了24.53倍,占2011～2012学年所有学位授予机构的29.83%,占全部私立的45.93%,其中营利性的四年制学位授予机构,比1976～1977学年增长了47.87倍,已占四年制学位授予机构总数的24.70%,占私立四年制学位授予机构总数的32.06%;营利性的两年制学位授予机构比1976～1977学年增长了15.78倍,已占两年制学位授予机构总数的38.61%,

占私立两年制学位授予机构总数的 87.03%。[①]

营利发展模式的产生与发展具有深刻的经济社会背景。根据美国教育专家乔治·凯勒(George Keller)的总结，营利性大学的崛起有四大原因：第一，美国经济转型越来越依赖知识；第二，成人教育迅速扩张，目前美国的大学生，有一半年龄在 25 岁以上；第三，新电子技术的发展使教育变得更加灵活，可以在多种时间和地点通过多媒体技术授课；第四，传统大学费用的上涨速度超过消费物价上涨速度的 1/3，这就使得一些教育者和受教育者重新估价传统教育，寻求其他的选择。[②]还有一个非常重要因素是，1972 年的《美国高等教育法》第一次允许进入营利性院校就读的学生申请政府资助，这就刺激了营利性高等教育的发展。[③]

然而，尽管营利高等教育已有较大发展，但截止到 2012 年，在美国私立高等教育中并不占有主导地位，美国私立高等教育仍然是以非营利发展模式为主导，从以下方面可以看出：

首先，从私立学位授予机构数量来看，2011～2012 年度，非营利的 1653 所，营利的 1404 所，后者为前者的 84.94%；尤其值得注意的是，非营利的 93.95% 是四年制的，属高端层次，而营利的四年制只占 52.21%，相当大的比重集中在低端层次。

其次，从在校生数来看，2010 年秋，私立营利性学位授予机构在校生 2018397 人，占私立全部的 34.37%，远少于非营利的数量。

再次，从师资情况来看，2009 年秋，私立非营利性学位授予机构总计有雇员 408561 人，而私立营利性学位授予机构的雇员为 116904 人，后者只有前者的 28.61%。

不过，照目前情况来看，美国私立高等教育发展的双模式并存的特征会持续存在下去。

---

① 资料来源：美国国家教育统计中心网站：http://nces.ed.gov。

② 薛涌.精英的阶梯.美国教育考查：新星出版社，2006：117－118.

③ 王定华.美国的营利性高等教育.世界教育信息，2003(1)(2).

五、资助模式

美国许多早期私立大学从一开始就享有公共资助。[①] 殖民地时期，政府对学院的资助形式多样：一是议会的拨款；二是各种形式的税收；三是实物；四是彩票收入。通过政府的资助强化了殖民地学院的公共性。[②]

美国建国以后，私立高校仍然得到政府的财政资助。比如，晚到1814～1823 的十年内，州政府仍每年拨款一万元给哈佛。

1819 年达特茅斯学院案后，美国公立与私立高等教育机构从此才有了较为明显的区别。[③] 随着学院私立性质的确认，公共资金的支持就变得越来越少了。[④]

1862 年的《莫里尔法案》是美国高等教育历史上的一个里程碑。法案给各州提供了大范围的补贴，并在如何使用补贴上给予了各州更多的决定自由。这样，在一些州，私立机构是直接的受益者，如纽约的科内尔大学、马萨诸塞州的麻省理工大学、康涅狄格州的耶鲁大学和设菲尔德科技学院；在肯塔基州和俄勒冈州，私立的教派学院获得了许多来自国家补贴提供的资金；在加利福尼亚州，一个现存的私立文法艺术学院与土地赠予和捐赠相结合，形成了加利福尼亚大学。[⑤] 1890 年，美国又通过了第二个《莫里尔法案》。《莫里尔法案》不仅刺激了州立大学的发展，也在一定程度上推动了私立大学的发展。

1944 年的《军人权利法案》允许士兵学生在愿意的时候可以选择私立院校。这种政府资助模式不仅促进了公立大学的发展，客观上也

---

① [美]菲利普·G. 阿特巴赫，帕特丽夏·J. 冈普奥特，D·布鲁斯·约翰斯通. 为美国高等教育辩护. 别敦荣，陈艺波，主译：中国海洋大学出版社，2007：13.

② 和震. 美国大学自治制度的形成与发展：北京师范大学出版社，2008：96－100.

③ [美]弗雷德·赫钦格，格雷丝·赫钦格. 美国教育的演进. 汤新楣，译：美国驻华大使文化处，1984：115－119.

④ 王廷芳. 美国高等教育史：福建教育出版社，1995：91.

⑤ [美]鲍尔森. 高等教育财政：理论、研究、政策与实践. 孙志军，等，译：北京师范大学出版社，2008：422.

促进了私立大学的建立及发展。从1940～1950年，私立大学的学生从70万人上升到130万人，而同期州立大学的学生从80万人上升到135万人，私立大学比州立大学发展得更快。[①]

1957年前苏联发射第一颗人造卫星，受其震动，美国国会1958年9月通过了影响深远的《国防教育法》。该法案明确了向私立学校提供贷款的规定。[②] 私立院校从联邦政府获得的经费也由1955年的2亿美元，增加到1970年的17亿美元，所占比例也由12.8%上升到18.8%。[③]

20世纪60年代，美国又面临着另一种不同的危机——机遇和平等的危机。为此，1963年美国通过《高等教育设施法》，制定了向公私立非营利性大学提供联邦补助金和贷款，促进自然科学、数学、现代外语和工程学为对象的教学、研究和图书馆建设的政策。[④]

1965年通过的《高等教育法》是美国历史上第一部在高等教育方面最系统、高完整的立法，它第一次明确规定，联邦政府要向公私立高等学校提供长期的资助。[⑤]《高等教育法》颁布以后，联邦政府对高等教育的资助大幅度增加。[⑥]

1965年的《高等教育法》和1972年对该法案的修正案，在两个重要方面形成了联邦政策的分水岭。一是国会否决了向高校增加资助的决定，并且认为达到机会均等的最有效的方法是将资金直接提供给学生。二是新的基础教育机会助学金(BEOG，后来被称作佩尔助学金计划(Pell Grant Program))采用教育券形式给学生提供资助，学生可将教育券带到任何一所合格的院校，从而确保了学生在各院校之间进行自由选择。因此联邦财政资助计划提供的资助，既是以学院为基础的，也是可以随学生而变动的。另外，这是联邦政府第一次专门为学生设

---

① 张维平，马立武．美国教育法研究：中国法制出版社，2004:137－138.

② 谢安邦，曲艺．外国私立教育：中国社会科学出版社，2003:176.

③ 郑丽君．美国私立大学发展的社会条件分析．教育评论，2006(7).

④ 谢安邦，曲艺．外国私立教育：中国社会科学出版社，2003:188.

⑤ 张维平，马立武．美国教育法研究：中国法制出版社，2004:139－140.

⑥ 张维平，马立武．美国教育法研究：中国法制出版社，2004:44.

立奖学金。[1] 1972 年的修正案改变了联邦和各州之间的伙伴关系，旨在设立和拓展以各州需要为基础的奖学金计划，该计划被称为州立学生激励奖学金计划（State Student Incentive Grant Program)，后被重新命名为教育支点援助（Leveraging Educational Assistance Program)。不管提供资金的方式是直接提供给学生还是经由州政府或高校提供给学生，目的只是增加高校入学率，促进教育机会平等。[2]

1969 年，19 个州为政府补助金计划拨款，总额不足 2 亿美元；到 1974 年，36 个州拨款支持政府补助计划，资金总额达到 4.23 亿美元；到 1979 年，各州及哥伦比亚地区都报告自己至少有一项补助金计划，拨款总额超过了 8 亿美元。1975 年的一项调查评论道：1974～1975 学年和 1975～1976 学年，各州拨款数额的大幅度增长，是对新州立学生激励奖学金（SSIG）计划的回应。新 SSIG 计划准许，在联邦州结成的新伙伴关系中，每年为每位学生提供 1500 美元的奖励。[3]

总的来说，在 1974～1975 年度，私立教育机构收入中，来自联邦政府、州政府和地方政府的各种收入占总收入的 28%。[4]

20 世纪 70 年代，爆发了中东石油危机，美国里根总统执政后开始削减福利。在教育方面，美国减少了政府对教育的资助。据统计，联邦政府对学生的财政资助总额，按不变美元计算，减少了约 14%。1983 年，私立大学只获得了联邦政府高等教育经费的 44%。美国私立高等教育出现了一系列危机，如生源减少，教育质量下降，甚至一些院校无

① 尽管在 1965 年法案中建立的学生贷款保障计划是唯一的学生资助补贴来源，但是佩尔助学金也被称为补贴，因为它与联邦补贴的运作很相似，即所有受助者拿到同等标准的补贴。然而，与诸如医疗保险等真正的联邦津贴相比，佩尔助学金每年从政府机动支出中拨款，所以从未超出过规定范围。

② [美]多纳德·E.海伦.大学的门槛：美国低收入家庭子女的高等教育机会问题研究.安雪慧，周玲，译：北京师范大学出版社，2008：6－7.

③ [美]多纳德·E.海伦.大学的门槛：美国低收入家庭子女的高等教育机会问题研究.安雪慧，周玲，译：北京师范大学出版社，2008：60－61.

④ [美]鲍尔森.高等教育财政：理论、研究、政策与实践.孙志军，等，译：北京师范大学出版社，2008：17－18.

经费而关闭等。[①]

随着80年代初期经济的衰退以及里根政府所带来的联邦学生资助政策的急剧变化，私立院校的环境迅速恶化。[②] 里根政府取缔了有保证的（斯坦福）贷款项目中已经失去控制的增长部分。1980年到90年代初，佩尔助学金的名义价值只有轻微的增加（从1979～1980年的1800美元增到1993～1994年的2300美元），并且补助金所负担的平均大学成本的比例稳定下降。对私立大学而言，这个比例下降到了10个百分点。[③] 特别是对私立高等教育而言，联邦补助项目重要性的减弱，使得其不断把注意力转移到政府贷款项目上，并且相当成功。

20世纪80年代，关于联邦学生资助，私立学院和大学所面临的另一个问题是，这些联邦资助中，付给营利性高校，特别是职业培训学校的学生的比例大量增加。当对所有学生的有效资助小于入学增长和大学成本的时候，上私立学校的学生获得的佩尔助学金的比例，从1979～1980学年的大约10%（相比于1973～1974年的7%只有轻微的上升），跳涨到了1987～1988学年的26%还要多。授予私立学校学生的联邦贷款的比例同样猛涨（在1987年，斯坦福贷款达到最高的35%）。[④]

20世纪90年代，克林顿当政期间，美国经济出现了战后前所未有的良好局面，他本人十分重视教育，虽然对私立教育发展并没有多少特别的优惠措施，但由于有良好的经济做教育发展的后盾，使得美国的私立教育保持了强劲的发展势头。[⑤] 到1994～1995年度，私立教育机构

① 谢安邦，曲艺. 外国私立教育：中国社会科学出版社，2003：177.

② [美]鲍尔森. 高等教育财政：理论、研究、政策与实践. 孙志军，等，译：北京师范大学出版社，2008：435－436.

③ [美]鲍尔森. 高等教育财政：理论、研究、政策与实践. 孙志军，等，译：北京师范大学出版社，2008：436.

④ [美]鲍尔森. 高等教育财政：理论、研究、政策与实践. 孙志军，等，译：北京师范大学出版社，2008：437－438.

⑤ 谢安邦，曲艺. 外国私立教育：中国社会科学出版社，2003：177.

中来自各级政府的各种收入达总收入的22%。①

相当长时间以来，为促进高等教育入学机会的公平，保证穷人对高等教育的可及性，美国在资助私立高校大学生时，较大程度上注意了教育公平，其中极其重要的方面是，结合学生家庭收入状况进行资助。见表5.3：

表 5.3 1986～1987 **学年到** 1995～1996 **学年美国本科生学费筹措**

(1992～1993**年美元价格**)

家庭收入	学年	净学费	联邦补助金	联邦贷款补助	州补助金	高校补助金	总学费
私立非营利性高校							
低收入	1986～1987	1446	1658	999	1469	2133	7704
	1995～1996	3530	1525	1308	984	3473	10821
中等收入	1986～1987	4118	374	879	625	2151	8147
	1995～1996	6323	136	1176	503	3830	11967
高收入	1986～1987	7616	130	334	93	977	9151
	1995～1996	11908	13	593	88	1738	13530
私立营利性高校							
低收入	1986～1987	1950	1674	1311	330	202	5468
	1995～1996	3539	1414	1328	291	131	6702
中等收入	1986～1987	4008	168	1363	246	214	6000
	1995～1996	5193	122	1445	141	125	7026
高收入	1986～1987	5495	51	408	10	121	6085
	1995～1996	6408	0	729	0	69	7206

*(a)这里的数字是所有全日制、获得资助并就读于某类高校的学生学费筹措的平均值；(b)联邦贷款补助是按照贷款额的50%计算的(不包括父母对本科学生的贷款)；(c)低、中、高收入分类：1986～1987学年为小于23500美元、在23500美元到54900美元之间、高于54900美元。1995～1996学年为小于32600美元、在32600美元到76200美元之间、高于76200美元。

资料来源：[美]多纳德·E.海伦.大学的门槛：美国低收入家庭子女的高等教育机会问题研究.安雪慧，周玲，译.北京师范大学出版社，2008：80－81.

① [美]鲍尔森.高等教育财政：理论、研究、政策与实践.孙志军，等，译.北京师范大学出版社，2008：17－18.

从表 5.3 可见，私立非营利性高校中，1986～1987 学年，低收入本科生净学费为 1446 美元，占总学费的 18.77%，联邦政府和州政府补助占了 53.56%；中等收入本科生净学费 4118 美元，占总学费的 50.55%，联邦政府和州政府补助占 23.05%；高收入本科生净学费 7616 美元，占总学费的 83.23%，联邦政府和州政府补助占 6.09%。1995～1996 学年，低收入、中等收入、高收入本科生净学费分别占总学费的32.62%、52.84%、88.01%，联邦政府和州政府补助分别占他们总学费的35.27%、15.17%、5.13%。

在私立营利性高校中，1986～1987 学年，低收入、中等收入、高收入本科生的净学费分别占总学费的 35.66%、66.8%、90.29%，联邦政府和州政府补助分别占总学费的 60.63%、29.62%、7.71%。1995～1996 学年，低收入、中等收入、高收入本科生净学费分别占总学费的 52.81%、73.91%、88.93%，联邦政府和州政府补助分别占他们总学费的 45.26%、24.31%、10.12%。

另一方面，再从不同百分位来看私立高校大学生所交学杂费，美国私立高等教育注重公平性的特点更加清楚。详见表 5.4。

表 5.4　2000～2001 到 2010～2011 学年私立学位授予机构中全日制本科生学杂费（按百分位、层次分类）（现价美元）

机构和年份	第 10 百分位	第 25 百分位	第 50 百分位	第 75 百分位	第 90 百分位
私立非营利机构					
2000～2001	7800	11730	15540	19600	24532
2008～2009	12020	18415	24930	31540	37125
2009～2010	11696	18970	25890	32816	38690
2010～2011	11794	19610	26920	34250	40082
非营利四年制机构					
2000～2001	8450	11920	15746	19730	24532
2008～2009	12242	18554	25120	31620	37125
2009～2010	12240	19200	26180	32910	38690
2010～2011	12220	19854	27100	34417	40082
非营利两年制机构					
2000～2001	2430	4825	7250	8266	11100
2008～2009	3740	8900	11800	16250	18000
2009～2010	3530	8950	12292	15177	19000

机构和年份	第 10 百分位	第 25 百分位	第 50 百分位	第 75 百分位	第 90 百分位
2010～2011	3840	9730	12000	14640	18965
营利机构					
2000～2001	6900	8202	9644	12090	14600
2008～2009	11176	12396	12840	15930	19050
2009～2010	9792	9792	12392	15450	19950
2010～2011	10200	11520	13700	16440	18209
营利四年制机构					
2000～2001	7206	8305	9675	12800	15090
2008～2009	11288	12840	12840	15930	19080
2009～2010	9792	9792	11920	15071	19080
2010～2011	10393	19718	21186	27386	30758
营利两年制机构					
2000～2001	6025	7365	9644	12000	14255
2008～2009	9000	10910	12600	16356	18175
2009～2010	10116	11735	13548	17148	21245
2010～2011	9940	12094	13599	15960	20533

资料来源：同表 5.1。

从表 5.4 可以看出，美国私立高校大学生所交纳的学杂费在不同百分位上不同。以 2000～2001 学年私立非营利高校为例，第 10 百分位上的大学生学杂费为 7800 美元，而第 25 百分位上的则为 11730 美元、第 50 百分位上的为 15540 美元、第 75 百分位上的为 19600 美元、第 90 百分位的则 24532 美元，他们分别是第 10 百分位上的 1.50 倍、1.99 倍、2.51 倍和 3.15 倍。可见，在私立高校，收入越高家庭的大学生所交学杂费越多。到 2010～2011 学年，比 2000～2001 学年第 10 百分位的增长了 50.21％，而第 25 百分位的增长了 67.18％、第 50 百分位的增长了 73.23％、第 75 百分位的增长了 74.74％、第 90 百分位的增长了63.39％，它们分别比第 10 位百分位的多增长了 16.97％、23.02％、24.53％、13.18％。可见，在私立高校，收入越高家庭的大学生所交学杂费增长幅度越高。这些使得美国精英高等教育在相当大程度上保证了公平性。

进入 21 世纪以来，美国私立高校来自各级政府的资助又有所调整。

从私立非营利性学位授予机构来看,1997～1998 年度,来自各级政府的收入占总收入的 13.26%,2005～2006 年度则上升到 14.25%。其中,四年制的则由 13.29%增长到 14.24%,两年制的则由 9.03%大增到 17.74%。以 2006～2007 年不变美元价格计算,私立非营利性学位授予机构来自各级政府的每位全日制学生的收入,由 1997～1998 年度的 6503 美元,增长到 2005～2006 年度的 7673 美元,增幅达 17.99%。其中,四年制的由 6637 美元增长到 7719 美元,增幅为 16.30%,两年制的由 1313 美元增长到 3459 美元,增长了 1.63 倍。

从私立营利性学位授予机构来看,1999～2000 年度,来自各级政府的收入占总收入的 6.26%,2005～2006 年度则上升到 6.88%。其中,四年制的则由 6.02%下降到 4.73%,两年制的则由 6.57%大增到 12.56%。以 2006～2007 年不变美元价格计算,私立营利性学位授予机构来自各级政府的每位全日制学生的收入,由 1999～2000 年度的 849 美元,增长到 2005～2006 年度的 987 美元,增幅为 16.25%。其中,四年制的由 828 美元下降到 668 美元,两年制的则由 874 美元增长到 1875 美元,增长了 1.15 倍。① 可见,近年来,美国各级政府对私立非营利性高校支持力度增加,而对私立营利性高校支持力度变化不大;与此同时,各级政府对两年制学生的支持力度远远大于对四年制学生的支持力度,体现了美国高等教育注重公平性与可及性的特点。近些年来,美国各级政府对私立高校学生的资助详情可见表 5.5:

① 资料来源:美国国家教育统计中心网站:http://nces.ed.gov。

表 5.5　2000～2001 到 2005～2006 年度学位授予机构中全日制、第一学位/证书申请本科生在经济资助项目中受益情况

机构类型与年份	注册学生数（个）	受益学生比例（%）	学生资助项目中注册学生比例（%）			资助项目中给学生的平均资助数*（现价美元）		
			联邦奖学金	州和地方奖学金	机构奖学金	联邦奖学金	州和地方奖学金	机构奖学金
私立非营利机构								
2000～2001	439369	82.6	28.4	31.8	68.1	2879	2998	7368
2003～2004	461800	84.9	29.2	31.6	71.9	3395	2969	8970
2004～2005	471015	85.0	27.9	31.5	72.9	3427	3057	9284
2005～2006	471069	85.3	26.5	31.3	73.8	3426	3117	9932
非营利四年制机构								
2000～2001	419499	82.9	27.4	32.2	70.1	2930	3001	7458
2003～2004	450065	84.9	28.5	31.6	72.8	3406	2968	9047
2004～2005	459435	85.1	27.2	31.4	73.8	3463	3059	9360
2005～2006	460832	85.4	26.0	31.2	74.6	3437	3121	10002
非营利两年制机构								
2000～2001	19870	77.5	49.2	23.9	25.7	2269	2892	2168
2003～2004	11735	85.2	53.5	32.1	36.3	3160	3021	3011
2004～2005	11580	84.6	55.3	35.9	36.5	2715	2996	3133
2005～2006	10237	82.8	51.6	36.1	38.5	3176	2974	3799
私立营利机构								
2000～2001	203995	76.2	49.3	15.2	6.2	2312	2494	1540
2003～2004	239457	82.2	57.0	15.3	7.4	2709	2379	1649
2004～2005	291985	83.6	58.6	12.1	7.5	2703	2380	1639
2005～2006	328206	80.2	55.6	11.4	8.8	2725	2796	1423
营利四年制机构								
2000～2001	81075	63.8	36.1	11.9	8.3	2295	2889	1616
2003～2004	84771	74.8	47.5	15.9	12.6	2776	2467	1795
2004～2005	125041	79.8	52.2	10.6	11.2	2564	2189	1845
2005～2006	157705	73.7	46.8	8.9	10.9	2490	2945	1641

机构类型与年份	注册学生数（个）	受益学生比例（%）	学生资助项目中注册学生比例（%）			资助项目中给学生的平均资助数*（现价美元）		
			联邦奖学金	州和地方奖学金	机构奖学金	联邦奖学金	州和地方奖学金	机构奖学金
营利两年制机构								
2000～2001	122920	84.3	58.0	17.3	4.8	2319	2314	1453
2003～2004	154686	86.3	62.2	15.0	4.6	2681	2328	1430
2004～2005	166944	86.5	63.5	13.3	4.7	2789	2494	1275
2005～2006	170501	86.3	63.6	13.7	6.8	2885	2706	1098

*学生参与相关项目的平均数。

资料来源：同表 5.1。

由于美国各级政府仍然始终承担一定比例的高等教育成本，所以美国私立高校大学生个人承担的份额一般都不到 50%，私立两年制的由于学杂费比四年制的更为低廉，一般个人承担的比例要高一些。详见表 5.6：

表 5.6　2000～2001 到 2005～2006 年度私立非营利性学位授予机构来自每位全日制学生的收入情况（以 2006～2007 年不变美元价格计算）

年份	总收入（美元）	净学杂费收入		来自联邦、州和地方政府拨款、赠款及合同收入			
		美元	占总收入比重（%）	美元	占总收入比重（%）	来自联邦拨款、赠款和合同收入比重（%）	来自州和地方拨款、赠款和合同收入比重（%）
2000～2001	37002	14102	38.11	6783	18.33	16.28	2.05
2002～2003	43320	14766	34.09	7631	17.62	15.73	1.88
2003～2004	52564	15079	28.69	7940	15.11	13.66	1.44
2004～2005	52013	15362	29.54	8038	15.45	14.06	1.40
2005～2006	53863	15609	28.98	7673	14.25	12.89	1.36
四年制机构							
2000～2001	37302	14175	38.00	6850	18.36	16.33	2.04
2002～2003	43650	14822	33.96	7675	17.58	15.72	1.87
2003～2004	52983	15143	28.58	7986	15.07	13.65	1.43

年份	总收入（美元）	净学杂费收入		来自联邦、州和地方政府拨款、赠款及合同收入			
		美元	占总收入比重（%）	美元	占总收入比重（%）	来自联邦拨款、赠款和合同收入比重（%）	来自州和地方拨款、赠款和合同收入比重（%）
2004～2005	52411	15418	29.42	8096	15.45	14.06	1.39
2005～2006	54237	15665	28.88	7719	14.23	12.89	1.35
两年制机构							
2000～2001	17738	9424	53.13	2471	13.93	9.82	4.12
2002～2003	18814	10589	56.28	4342	23.08	17.95	5.13
2003～2004	19759	10064	50.93	4267	21.60	15.64	5.96
2004～2005	19235	10788	56.08	3220	16.74	12.41	4.32
2005～2006	19496	10444	53.57	3459	17.74	12.69	5.05

资料来源：同表 5.1。

从表 5.6 可见，尽管美国各级政府对学生的资助有所反复，但是各级政府对私立高等教育成本的分担始终起着重要的作用，尤其是联邦政府。

综上所述，美国私立高等教育实现可持续发展与美国各级政府一直以来都比较重视对私立高校的资助密不可分，完全可以说，在美国私立高等教育发展的各个阶段，没有政府的资助，美国私立高等教育很难实现可持续发展，也很难取得今天在美国及世界高等教育中的地位。

六、监管模式

美国政府，包括联邦政府、州政府，对私立高校的监管模式的特征体现在对私立高校的管理与监督两个方面。

（一）政府对私立高校的管理

美国政府对私立高校管理的最大特征是注重维持私立高校的自治性。美国大学突出的特征之一是享有显著的不受政府控制的自由。①

大学自治（autonomy）是指大学作为一个法人团体享有不受国家、

① ［美］德里克·博克.美国高等教育.乔佳义，译.北京师范大学出版社，1991：3.

教会以及其他官方或非官方的任何团体或任何个人干预的自由和权利，大学成员以法人团体代表的资格而非以个人的资格来决定大学自身的管理。当然，几乎所有的研究都同意“自治”是一个相对的概念。①

美国私立高校自治的形成经历了一个较长的演变过程，并且仍处于变化过程当中。

在美国殖民地时期，一般而言，私立高校创办必须获得特许状。②特许状是一种对作为私人创办学院的先行存在的正式认可。③

美国建国后，1787年制定的美国宪法中并没有提到教育。1791年12月15日批准的美国宪法修正案第十条规定：“宪法未授予合众国，也未禁止各州行使的权力，分别由各州或由人民保留。”这意味着，并没有规定由中央权力来控制教育的发展，也不行使中央权力去控制学校的建立和发展。而美国的联邦体制和各级政府体制是以自治为原则的。联邦体制的自治原则是在宪法中奠定的。相应地，大学制度的形成应该与一个国家的基本政治制度相一致，新的国家的高等教育体制必须与联邦体制的自治原则相适应。④ 所以，美国独立战争胜利后，尽管要求政府加强对高校控制的呼声高涨，但关于学院自治与州政府控制之争也日益突出。到1819年达特茅斯学院案，这种斗争达到了高潮，最终联邦最高法院平息了这方面的冲突，捍卫了私立大学的自治地位。⑤ 达特茅斯学院案甚至也被称为美国私立大学和学院的“大宪章”(Magna Carta)。⑥

不过，尽管美国对高等教育是实行各州分权的管理体制，联邦政府无权领导和管理高等教育，但是宪法明确规定，联邦拥有“拨款”的权力，以改善“一般福利”和巩固“国防”。由于这两项事业都与教育紧密相连，因而后来联邦就把拨款权力引申到教育上，通过拨款来干预高等

① 和震.美国大学自治制度的形成与发展:北京师范大学出版社,2008:5－8.

② 和震.美国大学自治制度的形成与发展:北京师范大学出版社,2008:17.

③ 和震.美国大学自治制度的形成与发展:北京师范大学出版社,2008:103.

④ 和震.美国大学自治制度的形成与发展:北京师范大学出版社,2008:106－112.

⑤ 和震.美国大学自治制度的形成与发展:北京师范大学出版社,2008:122－123.

⑥ 和震.美国大学自治制度的形成与发展:北京师范大学出版社,2008:134.

教育。[①]

由于美国实行地方分权制，除了军事、外交等权力属于联邦外，其他权力均在各州。无论中央和地方，均实行立法、司法和行政三权分立，议会、法院和政府都对高等教育的行政管理拥有各自的权力，所以，美国政府对私立高校的管理模式的特征体现在以下几个层面：

在国家层面上，国会拥有联邦教育法律的立法权。国会通过的教育法案经总统签署后对全国各州都有法律约束力。虽然各州议会也有自己的教育立法权，但州立法不能违背全国性的法律，国会还有权审议联邦政府的教育经费预算、认可联邦教育部高级官员的提名、弹劾违法或失职的国家教育行政官员。联邦法院通过审查联邦和各州的法律及政府的法令、政策是否违宪而对全国高等教育施以重大影响，对高等教育的运行进行宏观调控。

在联邦政府层面上，在实行总统制的美国，总统集国家元首、政府首脑于一身，总统与国会在立法上互相制约，与法院关系亦是如此，最高法院法官由总统任命，但法官们经一定程序可以罢免总统。虽然联邦政府不直接管理高等教育，但它的分管教育事务部门实行间接领导：(1)分配和管理联邦政府根据国会有关立法给予的补助性经费；(2)收集和公布高等教育的有关统计资料，为各级教育行政机构和高等学校的教育决策、教育活动提供信息服务；(3)组织教育研究，解决全国性的高教问题，促进高教管理和决策的艺术化、科学化和专业化。联邦政府介入教育活动事务的，不仅限于教育部门，而是涉及众多部门和几十个独立的联邦机构，它们通过各种途径对各州高等学校施加不同的影响。[②]

大多数国家主要通过教育部这样的机构来管理高等教育。政府部长或官员拥有管理大学的实际权力，大学领导(如董事长、校长和副校

① 忻福良.各国高等教育立法:上海交通大学出版社,1992:150－164.

② 杨汉清,韩骅.比较高等教育概论:人民教育出版社,1997:268.

长)的权力相对较弱。[①] 美国1776年建国,而直到1953年,联邦政府才将联邦安全总署升格为联邦卫生教育福利部,下设联邦教育总署,其职能也只是负责收集和分发教育统计材料和情报,并不行使任何行政权力。1979年在卡特总统的提议下,才设立联邦教育部,但依然强调"关于教育的权限和责任,保留给州和地方学区及州所规定的其他机关"。[②] 实际上,这个教育部的职能仍然非常有限:其一是负责联邦基金在各州、各学校的分配和使用;其二是监督有关法律的执行,比如《民权法》(Civil Rights Act)中,就含有规定公民享受高等教育的权利的条款。除了若干军事院校,如美国军事学院、美国海军学院以外,美国联邦不直接管理任何院校,各类各级学校均只受当地政府指导。公立学校由州政府或地方政府资助,受州政府领导,私立学校由私人团体、宗教组织、企业公司等资助,由主办者领导,并受州政府的指导。[③]

总的来说,联邦政府对私立大学的管理基本上是宏观管理。对高等教育的直接管理权主要落到各州行政部门,州级权力机构对高等学校,特别是公立学校,具有直接的领导权。州议会对高等教育的影响主要通过立法方式。[④]

在美国各级政府的管理体制下,根据美国联邦最高法院大法官费利克斯·法兰克福和哈兰法官在1957年史威兹诉新罕布什尔州案判决的协同意见书,美国私立大学自治内容至少包括:谁来教(Who may teach?)、教什么(What may be taught ?)、如何教(How shall it be taught?)以及谁来学(Who may be admitted to study?)。[⑤] 换言之,美国私立大学都有权不经政府审查自行任命教授,有权自由挑选学生,可

---

① [美]詹姆斯·杜德斯达,弗瑞斯·沃马克.美国公立大学的未来.刘济良,译:北京大学出版社,2006:14.

② 王处辉.转型中高等教育的反思与构建:合肥工业大学出版社,2003:81.

③ 顾宝炎.美国大学管理:武汉大学出版社,1989:20—21.

④ 杨汉清,韩骅.比较高等教育概论:人民教育出版社,1997:269.

⑤ [美]德里克·博克.走出象牙塔.徐小洲,陈军,译:浙江教育出版社,2001:41.

以自行决定所开设的课程[①],有权自行分配经费。所有大学都有权从不同的渠道筹集经费,这些经费包括学费、州政府拨款、公司捐赠、私人捐款、基金转让、联邦机构奖励等。[②]

美国私立大学在自治下,一般来说,基本能实现较好的治理。但是,美国私立大学的自治并不是绝对的。

在美国,政府的影响毫无疑问地在增多,州行政系统及平行机构对学校的权力比以前扩大了。联邦政府规定,禁止所有大学在招生和聘请教职工中歧视性别、种族、年龄、宗教或民族出身。华盛顿也取得了给科研拨款的支配权,联邦政府的官员可以极大地影响学校的科研方向。[③]

现实中并不存在能够确定大学应当享有何种程度自治的公式。美国现阶段的争论表明:即使是在已经建立了自治体制的院校中,这仍然是一个问题。当前,美国大学和学院仍然享有许多自治权,其中那些拥有较高声誉、以研究为导向的大学比其他大学享有更多的自治权。然而,在过去的几十年里,联邦政府还是无视州政府的政治理念和联邦政府的法律,逐渐介入高等教育事务。[④]

实际上,私立大学独立于政府,与大学服务于国家,二者之间并非非此即彼、水火不容,美国高等教育的历史证明了这一点。维持自治,并不意味着大学就孤立于国家和社会的发展。"为国家服务"恰恰是私立大学追求的目标之一,事实上它们也是这样做的。[⑤]

(二)政府对私立高校的监督

美国政府对私立大学的监督主要通过认证制度这种间接方式进行。

---

① 对专业院校来说所开课程也有一定的范围限制,这个范围是签发许可证和鉴定学校质量的机构为职业制定的最低标准。

② [美]德里克·博克.美国高等教育.乔佳义,译:北京师范大学出版社,1991:4.

③ [美]德里克·博克.美国高等教育.乔佳义,译:北京师范大学出版社,1991:5.

④ [美]菲利普·G.阿特巴赫,帕特丽夏·J.冈普奥特,D.布鲁斯·约翰斯通.为美国高等教育辩护.别敦荣,陈艺波,主译:中国海洋大学出版社,2007:21—22.

⑤ 和震.美国大学自治制度的形成与发展:北京师范大学出版社,2008:219—220.

美国教育认证制度从 1895 年开始萌芽，1998 年美国国会在高等教育法修正案中再次确认认证制度在美国高等教育质量保证机制中的地位和作用，标志着美国教育认证制度开始成熟。美国教育认证制度已经成为美国教育制度的一个重要组成部分，是美国教育特别是高等教育取得巨大成就的重要因素之一。[①]

认证制度作为一种教育行业自律和教育质量控制的方法是美国所独有的。美国联邦政府并不规定高校的教育质量标准，也不直接规范大学。虽然美国的 50 个州都有高校许可证管理系统，并且规定只有那些获得州政府许可证书的高校才能够合法办学和颁发学位证书，但由于各州对申请高校许可证书的要求有很大差别，因此，是否获得州政府颁发的办学许可证书显然不能作为高校达到基本办学标准的依据，认证才是美国高校办学质量合格的主要标志。[②]

认证为公众的利益和需要服务，联邦政府和州政府规定经过认证的学校和专业才能得到纳税人的资金。纳税人、学生和家长、教育的捐助人或投资人确信教育资金只能投入到那些已经达到公认质量标准的学校或专业。[③] 对于学生来说，是否从通过认证的专业毕业，十分重要，否则往往难以找到合适的工作，也只有从通过认证的学校毕业的学生，才有可能进入研究生院。因此，在各个学校的情况介绍中，都往往首先说明该校及其系科通过认证的情况，学生在选择学校时，也要切实了解该校专业通过认证的情况，以便保证进入一些质量有保证的学校就读。[④]

当然，在美国，认证学校合格的最低标准非常之低，若按欧洲的标准，美国众多大学中一定有几百所不合格。[⑤]

由于几乎任何人都可以注册成立认证机构，都可以认证教育机构，而任何教育机构都可以自己选择认证机构来认证自己，因此，为了保证

① 王建成.美国高等教育认证制度研究：教育科学出版社，2007：40—57.
② 王建成.美国高等教育认证制度研究：教育科学出版社，2007：5—6.
③ 王建成.美国高等教育认证制度研究：教育科学出版社，2007：135.
④ 顾宝炎.美国大学管理：武汉大学出版社，1989：24—25.
⑤ [美]德里克·博克.美国高等教育.乔佳义，译：北京师范大学出版社，1991：15—21.

认证本身的基本质量,美国又有了对认证机构的认可制度。[①] 对认证机构的认可,是对认证的认证,也就是一种元认证或元评估,它为认证机构提出了保证认证质量的基本要求,进而促进了总体认证质量的提高。

在美国教育部的官方网站上,给准备进入大学的学生所建议的判断高等教育质量的依据之一是经过美国联邦教育部(the United States Department of Education,USDE)或美国高等教育认证理事会(Council for Higher Education Accreditation,CHEA,全美最著名的认可机构)认可的认证机构的认证。经过官方或行业任何一方所认可的认证机构在公众看来都可以信赖。[②]

美国认证机构的认可机制由两个部分组成:一是认证行业的民间与非政府认可;二是联邦政府教育部长的官方认可。[③]

美国的教育认证机构一般都属于非营利组织。认证机构可以在一个州申请成立,获得许可后可以在全国或某个区域运作。[④] 为了保证认证机构作为非营利组织的非营利性和良性运转,使认证机构保持和提升其社会公信力[⑤],政府在其中起到了重要作用:

一是政府监督。政府监督认证机构,保证其非营利性特征。一般而言,美国税法规定认证机构申请登记为享有免税待遇的组织。美国国税局每年会抽查一些重点的免税机构,对严重违反规定的免税机构将取消它们的免税资格。1996 年 7 月,美国国会通过了一项法律。根据该法律,对为私人目的或利益服务的行为将采取"中间制裁"(Intermediate Sanctions)进行处罚。新的法律规定,对每一项"额外受益交易"(Excess Benefit Transaction)的渎职人员将强制征收相当于该收益 25%的税额,对于纵容这种行为的管理人员将征收相当于该收益

---

① 王建成.美国高等教育认证制度研究:教育科学出版社,2007:5－6.

② 王建成.美国高等教育认证制度研究:教育科学出版社,2007:112.

③ 王建成.美国高等教育认证制度研究:教育科学出版社,2007:102.

④ 王建成.美国高等教育认证制度研究:教育科学出版社,2007:78－79.

⑤ 李虹.论非营利组织社会公信力的建设.上海交通大学学报:哲学社会科学版,2003(11).

10%的税额,另外,在规定期限内不改正的违规人员将处以相当于该收益200%的罚款。

二是官方认可评估。早在1952年,美国国会就要求联邦政府教育专员公布"全国认可的认证机构名单",以通过认证手段影响高等教育及其教育质量。

截至2004年8月,经由CHEA或者USDE认可的美国认证机构有85家。[①]

在对教育机构的认证过程中,认证机构把政府的要求反馈给教育机构,并敦促教育机构在这些方面做出努力以满足政府与社会的需要。联邦政府和州政府愿意依靠认证来保证高等教育机构的质量而不是自己承担这一责任,事实上,联邦政府是将保证学术质量的任务转包给了认证机构。在某种程度上,政府是依赖认证来评判高等教育的质量,认证机构起到了政府"代理人"的作用,而同时又使学校或专业免于政治化或可以不受或少受不必要的政治影响,从这个意义上说,认证又起到了保护高等教育的作用,从而成为高校和政府之间必要的"缓冲器"。[②]

总之,美国政府通过认证制度基本达到了对私立高校"无为而治"的监督效果,帮助实现美国国家和社会的利益。

(三)政府对营利性私立高校的监督

美国各级政府对营利性高等教育机构的监管特别值得重视。

前述美国各级政府对私立高校监管的一般做法同样适合于营利性私立高校。除此之外,美国各州在尊重营利性高校产权情况的前提下,为保证教育质量,对营利性高校的监管一般较严格,对营利性教育机构更加"关心",特别是其财务状况、办学能力和学生意见。相对于非营利性教育机构,政府人员对营利性教育机构的"参观"更加频繁一些,对来自营利性机构的学生抱怨处理得更有效率。

营利性教育机构适用营利性公司的有关法规,而不像非营利性教育机构适用非营利性组织的有关法规。营利性私立高校同其他营利性

① 王建成.美国高等教育认证制度研究:教育科学出版社,2007:103—104.

② 王建成.美国高等教育认证制度研究:教育科学出版社,2007:130—132.

公司一样，一般没有税收优惠：其财产要缴纳财产税，购买教学用品要缴纳消费税，分配利润要缴纳所得税，[①]一般按企业所得税税率的40%左右缴纳。[②] 有些地方当局为了支持教育发展，可能在土地与财产税方面给予优惠。[③]

营利性私立学校达到所在州的基本标准，并符合如消防、卫生等要求，一般即可申请注册。州政府一般对教育资格、卫生与安全、课程与课时、档案与报告等方面有要求。[④] 当然，美国政府承认营利性高校的存在，其执照或许可申请在不同的州难易程度有所不同，各州有自己的要求。

不过，与严格监管相对应的是，政府对营利性高校学生有财务支持。在营利性高校中的学生比其他高校中的学生接受了更多的财务资助（这与营利性高校学生家庭收入较低有关，高收入家庭成员有更多的上好大学的机会）。[⑤]

再有，认证机构对营利性教育机构与非营利性教育机构在教育方面的要求一般是相同的，但对于营利性教育机构，认证机构更加关注投资是否合法、财务是否稳定、广告是否规范及家长是否满意等。有两家认证机构建立了专门针对营利性高校的认证标准，多数使用同一标准的认证机构也对营利性教育机构的财务稳定性特别关注，如对资产负债率等指标非常关注。营利性高校认证组要由具有经验且对营利性教育“不存偏见”的人员构成，以保证专业性和公正性。

尽管州对营利性高校的监管比较严，但在美国，与营利性教育机构相关的法规比较健全，对营利性教育机构的监管也比较规范，政府一般不伤害营利性教育机构的办学自主权。[⑥]

---

① 王伟.美国营利性教育机构制度环境分析:陕西人民出版社,2005:212—214.

② 王伟.美国营利性教育机构制度环境分析:陕西人民出版社,2005:152—192.

③ 如位于麻省 Springfield 的 Sabis 国际特许学校，由于当地政府支持办学，其财产税给予较大的税率优惠。进入公司的财产购买时缴纳销售税，进入学校账上的财产则免交销售税。

④ 王伟.美国营利性教育机构制度环境分析:陕西人民出版社,2005:212—213.

⑤ 王伟.美国营利性教育机构制度环境分析:陕西人民出版社,2005:159—160.

⑥ 王伟.美国营利性教育机构制度环境分析:陕西人民出版社,2005:212—217.

总之,美国对私立高校的监管比较成功,这对美国私立高等教育的发展起了重要作用。

第三节 启示

美国私立高等教育一直以来都以非营利模式为主导。20 世纪 70 年代营利模式兴起以来,至今不占主导地位。既然像美国这样私立高等教育高度发达的国家都未以营利模式为主导,更没有形成市场化发展模式,中国又有什么条件能够以市场化模式为主导呢?接下来比较一下在以下方面两国条件是否相似。

一、中美经济社会因素比较

(一)中美居民收入情况比较

1893 年美国经济赶上了英国,第二年跃居世界首位,1913 年美国已经成为世界头号工业强国。[①] 经过两次世界大战之后,欧洲一些老牌资本主义国家都相对衰落,美国则从此成为世界超级大国。1947~1972 年,美国每个中等家庭的年均收入从 3031 美元增长到 10285 美元,全年收入 15000 美元或以上的家庭,1950 年还不到全国家庭总数的 5%,但到 1971 年已接近 20%。[②] 1990 年美国人均国民总收入 23330 美元,是当年世界平均水平 4082 美元的 5.72 倍,到 2008 年,美国人均国民收入增长到 47660 美元,是当年世界平均水平 7958 美元的 5.47 倍。[③] 近些年来美国居民家庭收入状况可见表 5.7:

---

① 田素华.对外贸易保护与美国经济崛起:1783~1933.世界经济与政治论坛,2005(5).

② [美]吉尔伯特·C.菲特,吉姆·E.里斯.美国经济史.司徒淳,方秉铸,译:辽宁人民出版社,1981:816.

③ 资料来源:国家统计局网站:www.stats.gov.cn。

表 5.7　1990 年至 2008 年美国家庭平均收入状况(以 2008 年不变美元价格计算)

20%的家庭平均收入	2008 年		2007 年		2000 年		1990 年	
	美元	百分比	美元	百分比	美元	百分比	美元	百分比
最低的 20%	11656	3.4	11995	3.4	12699	3.6	11444	3.8
第二个 20%	29517	8.6	30573	8.7	31708	8.9	28793	9.6
第三个 20%	50132	14.7	51888	14.8	52804	14.8	47559	15.9
第四个 20%	79760	23.3	82151	23.4	82086	23.0	71706	24.0
最高的 20%	171057	49.7	174425	49.7	177879	49.8	139154	46.6

资料来源:同表 5.1。

从表 5.7 可见,1990 年,美国最高家庭收入是最低的 12.16 倍,2008 年差距则进一步扩大到 14.68 倍。但是,美国处于最低收入的家庭比重较小,1990 年占 3.8%,2008 年则进一步缩小到 3.4%,而最高收入家庭则占 49.7%。美国家庭收入处于中上层的占绝大多数。

再看中国居民收入情况,详见表 5.8:

表 5.8　2009 年中国城镇与农村居民家庭收入情况(单位:美元)

城镇	最低收入户(10%)	低收入户(10%)	中等偏下户(20%)	中等收入户(20%)	中等偏上户(20%)	高收入户(10%)	最高收入户(10%)
平均家庭总收入	2862.24	4229.62	5486.74	6999.67	9132.68	11894.46	18843.19
农村	低收入户(20%)	中低收入户(20%)	中等收入户(20%)	中高收入户(20%)		高收入户(20%)	
平均家庭总收入	2064.22	2766.37	3586.57	4653.49		7839.45	

*(a)按 2009 年平均 1 美元兑换 6.84 美元计算;(b)2009 年,城镇平均每户家庭人口,最低收入户为 3.29 人,低收入户为 3.23 人,中等偏下户 3.04 人,中等收入户 2.84 人,中等偏上户 2.71 人,高收入户 2.61 人,最高收入户 2.51 人;农村家庭规模平均每户常住人口,低收入户 4.48 人,中低收入户 4.27 人,中等收入户 4.05 人,中高收入户 3.75 人,高收入户 3.35 人。

资料来源:国家统计局网站:http://www.stats.gov.cn。

从表 5.8 可见, 2009 年,中国农村低收入户平均家庭总收入为2064.22

美元，只有2008年美国最低收入家庭的17.71%，城镇最低收入户平均家庭总收入2862.24美元，只有2008年美国最低收入家庭的24.56%；中国其他收入等级的家庭收入同样远不能与美国的相提并论。① 实际上，中国广大农村多数人还是比较穷的，2009年，农村居民人均纯收入超过5000元的户数只占43.80%，2000～5000元的占42.90%。②

（二）中美阶层结构比较

从表5.7美国居民收入情况可以看出，美国已是一个中等及以上阶层占绝大多数的国家。中国的阶层结构，详见表5.9：

表5.9　2005年中国四大区域的阶层结构　（单位：%）

阶层	东部	中部	西部	东北	总计
国家与社会管理者	0.45	0.53	0.36	0.52	0.46
经理人员	0.69	0.43	0.22	0.54	0.50
私营企业主	0.80	0.41	0.33	0.31	0.54
专业技术人员	6.74	6.97	6.41	7.60	6.80
办事人员	4.07	2.91	2.63	3.99	3.41
个体工商户	11.84	9.94	7.27	10.30	10.14
商业服务业人员	8.42	4.80	4.27	7.26	6.35
产业工人	21.14	9.29	6.75	12.16	13.77
农业劳动者	40.85	60.23	68.08	47.67	53.11
不便分类人员	0.15	0.18	0.11	0.20	0.15
无业失业半失业人员	4.85	4.31	3.58	9.46	4.78
合计	100.00	100.00	100.00	100.00	100.00

资料来源：当代中国社会结构变迁研究课题组.2000～2005年：我国职业结构和社会阶层结构变迁.统计研究，2008(2).

从表5.9可见，中国的阶层结构是一个典型的“金字塔”型。2005年全国农业劳动者高达53.11%，中部和西部地区更是分别高达60.23%和68.08%。与美国相比，中国的现代阶层结构还没有形成。

---

① 中国居民收入近来的增长都没有考虑人民币对美元的大幅升值因素。

② 资料来源：国家统计局网站：http://www.stats.gov.cn。

(三)中美私立(民办)高校学杂费比较

先看美国私立高校学杂费状况,详见表 5.10:

表 5.10　1990～1991 到 2008～2009 学年美国学位授予机构中全日制本科生平均学费和食宿费用状况(现价美元)

学年	公立机构			私立机构		
	所有机构	四年制	两年制	所有机构	四年制	两年制
1990～1991	4757	5243	3467	12910	13237	9302
2000～2001	7586	8653	4839	21373	21856	14907
2005～2006	10454	12108	6492	27333	36510	21404
2006～2007	11049	12797	6815	28439	28919	20284
2007～2008	11573	13429	6975	29767	30226	21685
2008～2009	12256	14262	7568	30804	31273	22726

资料来源:同表 5.1。

从表 5.10 可见,美国各类私立学位授予机构的学杂费和食宿费都比同类的公立高校要高,一般都在两倍以上,并且学杂费和食宿费增长较快,私立高校 2008～2009 学年比 1990～1991 学年增长了 138.61%,超过了同期美国各收入组家庭的收入增速。但是,不管怎样,美国私立高校学杂费收入相对于绝大多数美国学生来说,学费尚可接受。以美国 20%的中等收入家庭来说,1990～1991 学年私立四年制高校平均学杂费和食宿费为 12910 美元,而同期他们的家庭收入为 47559 美元,学杂费食宿费占家庭收入的 27.15%,2008～2009 学年私立四年制高校学杂费 30804 美元,而同期他们的家庭收入为 50132 美元,学杂费占家庭收入的 61.45%。可见,加上各类奖学金以及补助,美国私立高等教育的可及性对大多数家庭而言还是非常高的。

再看中国民办高校的学杂费情况。2009 年,A 省 13 所民办高校文理科专业学费住宿费一般是 6300～7700 元[①],平均约 7000 元,再加

① 根据 2009 年 A 省教育厅网高招频道各院校收费标准整理所得。32 所公办高职学院文理科专业学费住宿费一般是 5600～7000 元;民办本科院校学费住宿费一般在 8800 元～10200 元,比公办本科院校一般要贵 60%～70%,当然与公办高校的艺术类则相差不大,但是民办院校的本科计划比公办的要少得多。

上学生的伙食费，需要 10000 多元。这笔费用对于广大农村的大多数家庭而言都是一笔沉重的负担，尤其是对低收入户和中低收入户。中国民办高等教育的可及性对中国农村，尤其是中西部地区农村大多数家庭来说，可及性较低。

总之，从中美居民收入、阶层结构及学杂费情况来看，美国私立高校学杂费尽管比较贵，但美国多数家庭收入比较高，加上政府及社会分担了一些高等教育成本，因而私立高等教育对美国多数高中毕业生而言，具有较强的可及性；而中国民办高校学杂费尽管相对于公办高校的来说，并不是太贵，但是中国多数居民，尤其是农村居民收入低下，而学生个人承担的高等教育成本较高，民办高等教育对于中国一些高中生而言，可及性很低。

二、中美民办(私立)高校生源比较

美国私立高校有不同学术水平、不同层次之分，不同层次私立高校的学生来自不同收入等级的家庭。详见表 5.11：

表 5.11　1995～1996 学年全日制依赖型本科生按家庭收入和机构性质的百分比分布

机构性质	所有全日制依赖型本科生	家庭收入		
		低收入	中等收入	高收入
总计	100.00	100.0	100.0	100.0
少于四年制的公立的	18.6	21.1	20.8	12.7
少于四年制私立非营利性的	0.8	0.9	0.8	0.6
四年制公立非博士授予的	17.5	19.0	18.1	14.7
四年制私立非营利性非博士授予的	17.2	17.8	17.1	16.5
公立博士授予的	33.7	30.2	32.6	39.3
私立非营利博士授予的	9.8	7.3	8.5	14.6
私立营利性的	2.5	3.6	2.0	1.6
公立总计百分比	69.8	70.3	71.5	66.7
私立总计百分比	30.2	29.6	28.4	33.3

*“依赖”是指，如果一名学生不能满足独立学生的标准，那么他在经济上就属于依赖的。其中，“独立”是指，一名学生若被认为是独立的，需要满足下列标准之一：(1)1995 年 12 月 31 日已满 24 周岁；(2)是退伍军人；(3)是孤儿或者法院监护区的；(4)除了配偶外，有法定依赖人；(5)已婚、1995 年税务报表上父母没有注

明;(6)是一名研究生,并且在1995年税务报表上父母没有注明是一个依赖者。家庭收入是指依赖型学生的父母1994年的总收入,这个值等于依赖型学生的总收入。低收入是指不到35000美元,中等收入是指35000～69999美元之间,高收入是指70000美元或以上者。

资料来源:美国2001年全国教育统计中心统计分析报告.中等收入本科生他们哪里上学和如何付费.美国国家教育统计中心网站:http://nces.ed.gov.

从表5.11可见:(1)美国依赖型本科生在公立大学的比例是私立大学的两倍以上;(2)在美国最好的大学中,即私立非营利性博士授予高校中,高收入者是低收入者的两倍;(3)其他类型的私立高校,包括少于四年制的私立非营利性高校、四年制私立非营利性非博士授予高校、私立营利性高校,它们学生的来源,低收入者多于中等收入者和高收入者。总地说来,美国私立高校来自高、中、低收入家庭的比重比较均衡。

相比之下,中国民办高校学生大多来自农村,来自中低收入阶层的学生占绝大多数。这限制了民办高校以涨学费筹集办学经费的空间,也意味着中国民办高等教育市场化发展模式的空间非常有限。

三、中美民办(私立)高校学生年龄分布比较

在中国,大学生年龄一般都在18岁至24岁之间。美国私立高校学生年龄则呈现如下结构,见表5.12:

表5.12 2009年秋季美国学位授予机构中全日制学生年龄百分比分布(%)

年龄	私立非营利性			私立营利性		
	总计	四年制	两年制	总计	四年制	两年制
	100.0	100.0	100.0	100.0	100.0	100.0
18岁以下	1.8	1.7	2.8	0.3	0.2	0.6
18和19岁	21.4	21.4	23.3	6.6	4.9	12.9
20和21岁	21.3	21.4	15.4	9.5	7.7	16.3
22到24岁	15.5	15.6	14.1	13.5	12.5	17.4
25到29岁	15.2	15.2	14.9	21.6	22.2	19.5
30到34岁	7.8	7.8	9.4	15.7	16.7	11.7
35到39岁	5.4	5.3	7.0	11.8	12.8	7.9
40到49岁	7.0	7.0	8.6	14.3	15.7	8.9

年龄	私立非营利性			私立营利性		
	总计	四年制	两年制	总计	四年制	两年制
	100.0	100.0	100.0	100.0	100.0	100.0
50 到 64 岁	3.5	3.5	3.9	6.1	6.7	3.6
65 岁及以上	0.2	0.2	0.3	0.2	0.2	0.1
未知	0.9	0.9	0.4	0.5	0.4	1.0

资料来源:同表 5.1。

从表 5.12 可见,2009 年秋,美国私立高校学生从 18 岁到 65 岁的都有,这是因为美国是一个实行了终身教育体系的国家,各年龄段的人都比较注重教育人力资本投资。美国私立高校学生年龄 66.1%集中在 18 岁到 29 岁之间,私立非营利性高校学生年龄 73.4%以上集中在 18 岁到 29 岁之间,私立高校中 30 岁及以上学生占了 30.9%,私立非营利性高校则占了 23.9%。终身教育体系的推行,大大拓宽了美国私立高校的生源。

相比之下,中国民办高校学生的年龄分布,截止到 2009 年,还找不到全国性的数据。一般来说,中国普通高校大学生年龄都在 20 岁左右,民办高校大学生也是如此。笔者根据 A 省 CS 学院 2008～2009 年度获得国家助学金的一份大学生名单整理发现,在 2513 名大学生中,他们的年龄分布如表 5.13 显示:

表 5.13　2008 年 A 省 CS 城市学院大学生年龄百分比分布(%)

年龄	16 岁及以下	17 岁	18 岁	19 岁	20 岁	21 岁	22 岁	23 岁	24 岁及以上
总计(人)	15	78	440	812	690	339	108	26	5
百分比(%)	0.60	3.10	17.51	32.31	27.46	13.49	4.30	1.03	0.20

资料来源:该学院网站 2008 年获奖名单整理所得。

从表 5.13 可见,A 省 CS 学院大学生年龄 90.77%集中在 18 岁至 21 岁,24 岁及以上的只有 0.20%,30 岁以上的学生没有。由此推断,中国民办高校大学生基本都在 25 岁以下。换句话说,中国还没有形成像美国那样的终身教育体系,这使得民办高校的生源大大受限。

再有,中美高中教育制度也是不一样的。截止到 2013 年,中国高中教育属非义务教育，因而居民，尤其是农村居民子女上高中需要花费很大一笔开支，2007 年初中升学率只有 79.3%，经济因素是一部分农村孩子放弃上高中的主因；而美国中学早已实行免费，2006 年净入学率达 88.2%。[①]

最后，从资金来源、教育教学质量等方面，中国的民办高等教育都不具备美国私立高等教育那样的优势条件。

总之，中国民办高等教育发展的几个核心条件均不如美国，美国私立高等教育尚未采用市场化发展模式，中国更不应当采用。这也是美国私立高等教育发展模式给中国民办高等教育发展模式转型提供的最有意义的启示。

① 资料来源：国家统计局网站：http://www.stats.gov.cn。

第六章　民办高等教育市场化发展模式的转向:社会企业化发展模式

中国民办高等教育在20世纪90年代中后期形成了市场化发展模式,进入21世纪即面临严峻挑战,难以为继。采用市场化发展模式,不仅不符合中国的国情,美国私立高等教育发展的经验也不支持。中国民办高等教育的发展不能再继续以前的发展思路,必须改弦更张,另辟蹊径。

第一节　理论视角的转换:市场化视角到社会企业化视角

一、转变市场化视角

中国民办高等教育陷入市场化发展模式的困境,相当大程度上是因理论视角所致。民办高等教育下一步若要完善和发展,首先必须进行理论视角的转换,即首先要转变市场化视角。其理由主要在于以下方面:

(一)现实中的市场化并非最初改革设计者的原意

解放以后,为快速实现工业化,中国建立了高度集中统一的计划经济体制,市场机制完全处于附属地位。改革开放以后,邓小平开始打破这种局面。

1979年11月26日,邓小平会见美国不列颠百科全书出版公司编委会副主席兼副总裁吉布尼等人时指出:"说市场经济只存在于资本主义社会,只有资本主义的市场经济,这肯定是不正确的。社会主义为什么不可以搞市场经济，这个不能说是资本主义。我们是计划经济为主，也结合市场经济，但这是社会主义的市场经济”。[①]

1992年春，邓小平在南方谈话中明确指出：“计划多一点儿还是市场多一点儿，不是社会主义与资本主义的本质区别。计划经济不等于社会主义，资本主义也有计划；市场经济不等于资本主义，社会主义也有市场。计划和市场都是经济手段。社会主义的本质，是解放生产力，发展生产力，消灭剥削，消除两极分化，最终达到共同富裕。就是要对大家讲这个道理。”[②]可见，邓小平希望在发挥计划手段的作用的同时，更好地发挥市场手段的作用，而不是只要市场手段，尤其是邓小平提出，两种手段的目的最终都旨在实现社会主义的终极目标，即实现共同富裕。

其实，此前也已有人提出关于计划与市场的“两个坚持”和破除“两个迷信”的意见，即要坚持市场取向的改革，但不能迷信市场，要坚持计划调控，但不能迷信计划。不能完全交给市场、交给价值规律去管的大事有：一是经济总量的平衡，二是大的经济结构的及时调整，三是竞争导致的垄断问题，四是生态环境问题，五是社会公平问题。这些问题都要由国家的宏观计划调控来干预。但是，计划工作也是人做的，人不免有局限性，有许多不易克服的矛盾。这些局限性都可能使宏观计划管理工作偏离客观情势和客观规律，造成失误。[③] 这些论述充分体现了论者的先见之明。

1992年十四大明确提出，我国经济体制改革的目标是建立社会主义市场经济体制。江泽民同志指出：“有计划的商品经济，也就是有计划的市场经济。社会主义经济从一开始就是有计划的，这在人们的脑子里和认识上一直是清楚的，不会因为提法中不出现‘有计划’三个字，就发生是不是取消了计划性的疑问。”[④]几十年来大家确实都是这样理

① 邓小平.邓小平文选，第2卷：人民出版社，1994：236.

② 邓小平.邓小平文选，第2卷：人民出版社，1994：373.

③ 刘国光.回顾改革开放30年：计划与市场关系的变革.财贸经济，2008(1).

④ 江泽民.江泽民文选，第1卷：人民出版社，2006：202.

解的,社会主义就包括“有计划”。[①]

总之,我们要建立社会主义市场经济体制,就是要坚持党的基本路线不动摇的前提下,在经济领域更好地发挥计划与市场两种手段配置资源的作用,以促进生产力发展,最终实现我国社会主义的共同富裕的终极目标。

然而,现实中的市场化与最初改革设计者的原意差别很大:

一是最初的市场手段通常主要是用于经济建设领域,最初的改革设计者并不是要把它引入所有领域。

二是最初改革设计者只是提市场,并未提市场化。“市场化”中的“化”有两种含义:一是量变意义的“化”,二是质变意义的“化”,而现实中的市场化已经发生了质变意义上的市场化,计划手段已经在相当大程度上被抛弃,甚至被“污名化”,斥为“落后”的代名词。事实上,最初的改革设计者强调运用市场机制的同时,从来没有说过要放弃计划手段,从来没有说过让市场放任自流。

三是最初的改革设计者,特别强调社会主义的本质,极力希望避免两极分化,强调运用计划与市场的目标是实现共同富裕。1985 年 3 月 7 日,邓小平在全国科技工作会议上做《改革科技体制是为了解放生产力》的讲话后,提出:“社会主义的目的就是要全国人民共同富裕,不是两极分化。如果我们的政策导致两极分化,我们就失败了;如果产生了什么新的资产阶级,那我们就真是走了邪路了。”[②]显然,在公共服务领域,市场化要实现服务提供者利润最大化的目的与最初改革设计者的目标是相背离的。

(二)现实中的市场化也不同于西方福利国家的市场化

鉴于二十世纪七八十年代福利国家出现危机,政府财政压力大,国家垄断公共服务的提供以及由此造成效率低下的问题,西方国家普遍在公共服务领域进行了市场化改革的探索,即把竞争机制引入公共服务的提供中来。

---

① 刘国光.回顾改革开放 30 年:计划与市场关系的变革.财贸经济,2008(1).

② 邓小平.邓小平文选,第 3 卷:人民出版社,1993:110—111.

公共服务市场化的主要做法是：从市场化改革的方向出发，政府通过打破行政垄断，逐步开放公共服务领域，降低准入门槛，在交通、通信、能源、教育、医疗、城市公用事业等公共设施建设领域，鼓励或允许国企、私企、外企和民间组织等主体以各种方式参与投资建设经营；在运作方式上引进市场竞争，采用招投标、合同承包、特许经营和项目融资等进行市场运作；在管理制度上，通过实行工程项目法人责任制、工程监理制、合同管理制、稽查制等制度加强规范和监管。①

西方国家进行公共服务市场化改革之后，竞争促使各提供主体为争夺市场或公共服务提供权而展开激烈竞争，其结果是能获得比在垄断服务下更高的生产率和更少的成本费用。尽管不能一概而论，大量的定量分析仍然表明，公共服务市场化往往能取得比在政府垄断服务下更高的生产率。② 尤其值得借鉴的是，西方公共服务改革之后，没有出现老百姓"看病难、住房难、上学难"等社会问题。

很显然，西方公共服务的市场化，只是一种量变，而非质变，并非政府完全退出公共服务领域。③ 反过来说，如果以提供公共服务作为执政合法性的政府放弃了公共服务的责任，政府就失去了存在的合法性。再有，西方公共服务市场化中，尤其有一点值注意的是，公共服务的资金大都还是政府提供，并非所有服务都是让使用者全额付费。

所以，从 20 世纪 80 年代西方国家开始福利改革至今，政府财政支出中社会福利费仍然占了相当大的比例。在社会福利费占中央政府支出比重中，2008 年，加拿大为 36.18%，美国为 43.47%④，法国为 49.94%，德国为 70.99%，澳大利亚为 39.53%，新西兰为 30.43%，英国为 27.23%；2004 年，西班牙为 46.47%，意大利为 43.75%，荷兰为 45.96%。⑤ 由这些不难看出，社会福利费所占的比例仍然非常高。

相比之下，在中国，现实中的市场化是质变意义上的市场化，很多

① 郑恒峰.西方国家公共服务市场化的反思与启示.湖北社会科学，2008(1).

② 宋敏.西方国家公共服务市场化改革的成效及启示.经济纵横，2007(4).

③ 李彬.西方国家公共服务市场化的实践及其评价.管理世界，2002(4).

④ 2009 年数据。

⑤ 资料来源：国家统计局网站：www.stats.gov.cn。

公共服务领域，完全让服务提供者与使用者之间交易，使用者完全个人付费，政府已在相当大程度上退出了公共服务领域[①]，社会投资额锐减，要求"找市场，不要找市长"。

（三）市场化已产生诸多严重社会问题

我国1992年提出建立社会主义市场经济，市场的力量快速延伸到很多传统的公共服务领域，包括医疗卫生、教育、公共住房等。市场化改革的确减轻了政府的财政压力，但是"市场失灵"导致了越来越多的社会问题，并且有些问题有日益严重化的趋势。从以下方面可以看出：

1. 医疗卫生领域

解放后，党和政府对医疗卫生问题极为重视。到1980年，全国农村约有90%的生产大队有合作医疗，形成了集预防、医疗、保健功能于一身的三级卫生服务网络。全国基本实现了"小病不出村、大病不出乡"的目标，被世界卫生组织和世界银行誉为"以最少投入获得了最大健康收益"的"中国模式"。[②]

然而，改革开放后，医疗卫生事业实际上逐步走上了市场化的道路。到20世纪90年代，由于公共卫生的整体投入严重不足，加之分配极不合理，公共卫生的职能日益削弱等原因[③]，我国医疗卫生领域很多方面大大倒退，产生了严重的问题。世界卫生组织发布的《2000年世界卫生报告》，对全球191个成员国的卫生总体绩效进行了排序，在卫生公平性方面，中国排名倒数第4位，属于世界最不公平的国家之一。其他发展中人口大国如印度、巴基斯坦等均排在中国前面。[④]

2003年，卫生部进行了第三次全国卫生医疗调查，结果显示：我国城乡居民应就诊而未就诊的比例由1993年的36.4%上升到48.9%，患者应住院而没有住院的比例高达29.6%；在住院患者中，主动提出出院的比例为43.3%，其中六成以上是因为支付不起相关费用而提前

---

① 李友梅. 改善民生与"以人为本"的境界变化. 社会，2008(3).

② 贾康，刘尚希. 公共财政与公共危机：中国财政经济出版社，2004：76.

③ 白剑锋. 构筑公共卫生防线. 人民日报，2003-6-4.

④ 贾康，刘尚希. 公共财政与公共危机：中国财政经济出版社，2004：78.

出院的;农民应住院而没有住院的比例更是从1998年的63.7%上升到75.4%;因病致贫、因病返贫的农民占全部贫困农民的比例上升到33.4%;在西部地区农村,62.0%的患者因为经济困难应治疗而没有治疗,75.1%的患者还没治愈就要求提前出院。[①]

尽管2003年以来,国家对医疗卫生政策体系进行了重构,也取得了一些成就,缓解了“看病难、看病贵”的问题,但仍然存在着相当大的问题。

其一,“看病难、看病贵”现象仍然不容乐观:(1)从应住院而未住院比例及原因来看,2008年,调查地区应住院而未住院比例达25.1%,其原因,70.3%的是由于经济困难。(2)从两周患病未就诊、未治疗及原因来看,2008年,调查地区两周患病未就诊比例达37.6%,其原因,因为经济困难和就诊太贵的比例达24.4%。调查地区两周患病未治疗的达10.6%,其中城市6.4%,农村12.4%,未治疗原因中,因经济困难的占29.2%,其中,城市23.2%,农村30.6%。(3)人民群众卫生支出增长较快。2008年,城乡人均年收入以1993年数为基数,扣除物价上涨因素,比1993年增长了262.55%,而2008年,城乡人均年卫生支出比1993年的增长了287.67%,超过收入的增速。

其二,医疗公平问题依然严峻:(1)相当数量的人没有任何医疗保险。2008年,全国还有12.9%的人口无任何医保。(2)不同医保类型的覆盖人口对医疗资源的享用情况不同。首先,2008年,全国人口中,“新农合”的人口最多,达68.7%,但住院率只有6.9%,无任何医保的人口12.9%,住院率只有4.3%,城镇职工医保的人口12.7%,住院率只有9.2%;相反,公费医疗人口最少,仅占1.0%,但住院率最高,达13.9%。其次,从医疗保障覆盖居民两周就诊率来看,2008年,占总人口1.0%的公费医疗人口,就诊率最高,为18.7%,占总人口最多的“新农合”人口就诊率仅15.5%。再次,从应住院未住院比例来看,2008年,无任何医保的人口应住院未住院比例最高,达31.9%。[②]

① 肖棨鸣.看病难原因的思考.时代经贸,2008(2).

② 卫生部统计信息中心.中国卫生服务调查研究第四次家庭健康询问调查分析报告.

2.教育领域

我国教育领域出现的问题主要有以下方面:

一是教育投入长期处世界低水平。1993年《中国教育改革和发展纲要》确立的在20世纪末国家财政性教育经费支出占国民生产总值的比例达到4%的目标一直拖到2012年才实现,而4%也仅仅为发展中国家的平均水平。

二是基础教育出现不小问题,尤其是农民工子女失学率高。2004年占全国人口6.4%的地区未能实现基本普及九年义务教育。据第五次人口普查表明,全国14岁以下儿童超过2亿,其中随父母进城的流动儿童近2000万。据国务院妇女儿童工作委员会办公室等单位主持的抽样调查显示,流动儿童失学率高达9.3%。①

三是高等教育学费太贵。自1999年高校大规模扩招以来,高昂的学费使得广大人民群众不堪重负。全国高校生均学费已经从1995年的800元左右跳涨到2004年的5000元左右;住宿费从1995年的270元左右,上涨到2004年的1000～1200元。再加上吃饭、穿衣等,平均每个大学生每年费用在10000元左右。2004年我国城镇居民年平均纯收入和农民年平均纯收入分别为9422元和2936元,以此计算,供养一个大学生需要一个城镇居民4.2年的纯收入,需要一个农民13.6年的纯收入,还没有考虑吃饭、穿衣、住房、医疗、养老等费用。据调查,有25%的中学生因"家庭负担不了上学的费用",表示"不愿再升入大学",而农村辍学在家的中学生高达30%以上。② 中国青少年发展基金会一项调查结果显示,八成家庭致贫的主要原因都是教育支出。据调查,截至2005年8月,全国普通本专科在校学生中贫困生约占学生总数的26%。③

3.住房领域

1999年停止福利分房,市民住房全部市场化。住房的市场化加剧

---

① 国务院研究室课题组.中国农民工调研报告:中国言实出版社,2006:232.

② 高兴佑,刘汝文.解决上学难、就业难的思考.中国物价,2007(10).

③ 丁晨,余要文.解决"上学难上学贵"问题的对策建议.中国价格监督检查,2007(9).

了城镇居民住房条件的两极分化[①]，并且，我国房价开始一路飙升。我国住房领域出现的问题主要体现在，相对于人们的收入，城市房价涨得太快太高。高房价已经达到普通人难以忍受的地步，城市中一套房子几乎要花掉一个普通家庭一生的积蓄，相当多的市民变成了“房奴”。本来住房作为一种基本的生存必需品，国家应当保证多数人的需求，对于另外一部分对住房有更高要求的，可以用市场机制予以解决，绝对不能把绝大多数的住房需求完全交给市场来解决。

总之，市场化尽管已取得一些成绩，但也出现了一些“市场幼稚病”，在如教育、医疗、住房等领域，这些不该市场化的部分，都已经开始搞市场化，甚至有些发展到对市场迷信的程度，带来十分不良的后果，造成了民众的福利减损。[②]

综上所述，现行的市场化的视角不能再继续用于指导公共服务，不能再用于社会建设领域，不能再用于指导民办高等教育的发展，必须尽快转型，转到非市场化视角上来，转到社会企业化视角上来。

二、社会企业概述

“社会企业”(Social Enterprise)的概念，最早来自于1994年鲍德温国王基金会倡议的一部著作中，当时是指，既利用市场资源，又利用非市场资源以使低技术工人重返工作岗位的企业。后来，社会企业的含义扩大到那些追求一种社会目的，但不是必然雇请难以安置工人的组织。[③] 目前，社会企业的含义已得到进一步拓展。

(一)社会企业的产生原因与实践

社会企业的实践早于这一概念的产生。

从发达国家来看，社会企业的产生来自于这几方面的因素：一是福利国家的转变，20世纪70年代石油危机之后，发达国家经济出现滞胀

① 夏建中.健全廉租房制度的关键：强化政府公共服务职责.教学与研究，2008(1).

② 刘国光.回顾改革开放30年：计划与市场关系的变革.财贸经济，2008(1).

③ 经济合作与发展组织.社会企业.刘继同，译.中国社会工作研究，第2辑：社会科学文献出版社，2004：197.

现象,国家财政压力大,出现福利国家危机;二是某些活动中的市场失败,一些弱势群体的需要很难通过市场予以满足;三是对就业、经济、社会参与者之间合作的新激励计划;四是对社区服务和社会服务需求的增加;[①]五是非营利组织的转型,随着非营利组织筹资环境的复杂化,非营利组织倾向于追求更高的效率和财务独立,另一方面,为避免伤害受益人的自尊,非营利组织也开始寻求提供产品和服务的新方式,除此之外,营利组织的介入也对非营利组织的生存环境造成了威胁,这些都迫使非营利组织采取适当的市场运作方式以增强自身的生存能力。[②]

社会企业产生以来,它的数量不断扩大。当然各个国家或地区统计情况不尽相同。

欧盟一项统计指出,目前"形式上属商业性质,本质上属非营利性质的社会企业"提供了880万个工作机会,占到15个老成员国授薪工作机会的8%。[③] 目前,在英国,有大约5.5万家社会企业,从业人员达到47.5万人,提供了约30万个志愿工作岗位。[④]

从发展中国家来看,贫困等严重的社会问题长期困扰着人们,一些有志之士不懈地探索问题的解决之道,也有不少社会企业的实践典范,其中最成功、最突出、最值得一提的就是1976年孟加拉的穆罕默德·尤努斯创办的格莱珉银行。格莱珉银行成立后,专门向穷人(绝大部分是妇女)发放小额贷款,先后向240多万孟加拉人提供了约30亿美元的无担保贷款,在格莱珉的帮助下,59%的家庭跨越了贫困线。目前,"格莱珉银行"已成为孟加拉国最大的农村银行,这家银行有着800多万的借款者,其中超过一半脱贫,为7万多个村庄提供信贷服务,偿债

---

① 经济合作与发展组织.社会企业.刘继同,译.中国社会工作研究,第2辑:社会科学文献出版社,2004:201.

② 卞涛,周成礼,岳爱东.英国社会企业的发展经验及其对我国的启示.未来与发展,2009(9).

③ 朱明,李攀,赵萌.社会企业:英国社会发展的第三动力.21世纪商业评论,2006(17).

④ 卞涛,周成礼,岳爱东.英国社会企业的发展经验及其对我国的启示.未来与发展,2009(9).

率高达98%,除了创办当年及1991年至1992年两个水灾特别严重的年头外,一直保持赢利,2005年的赢利达1521万美元。该银行还帮助41000多名家长均为文盲的学生上了医学院或者其他更高的学府。这些学生中很多都获得了博士学位,成为专业的医生、工程师等等。[①]

(二)社会企业的定义

目前人们对社会企业的界定不一致,主要有以下几种:

1. 社会企业是为了减少社会问题或市场失败而设立的一种商业企业,它产生社会价值,是依靠财政纪律、创新和私人部门企业经营的决心而运作的。

2. 利用社会企业创业,创新市场手段,创造社会价值和变化。它们通常具备以下特点:一是社会目标,二是商业手段,三是社会所有权。

3. 无论是子公司、非营利性还是营利性,社会企业可以结构化为一个组织内的部门或作为一个单独的法律实体存在。社会企业的目标可能是拥有这个组织的社会项目或者经营成本的额外投资机制,或是以该组织的使命支持可持续项目的机制。

4. 社会企业是基于其任务导向同时整合社会项目的商业活动。[②]

5. 社会企业游走于公益性与营利性之间,采用市场手段解决社会问题,实现公益目标,是社会治理体系中的有机组成要素,是非营利的制度创新。作为传统社会组织靠近市场体系的部分,社会企业既是一种组织形式,也是一种行为模式、一种思想理念。[③]

6. 所谓"社会企业",简单说就是运用企业的经营手段来实现社会目标的组织。[④]

7. 社会企业是拥有基本的社会目标而不是以最大化股东和所有者

① 穆罕默德·尤努斯. 创造没有贫穷的世界:小额信贷与社会企业. 农村金融研究,2009(11).

② Kim Alter. *Social Enterprise Typology Virtue Ventures*, LLC 2007. https://wiki.qut.edu.au.

③ 朱晓红. 社会企业:北京市构建节能型社会的创新机制. 华北电力大学学报:社会科学版,2009(2).

④ 陈欣,黄旻露. 社会企业,能否成为中国社区和谐发展的"新能源". 社区,2008(12).

的利益为动机的企业,所获得的利润都再投入到企业或社会之中。

8.社会企业是一种为了社会目标而在市场中进行商业活动的组织。①

综合上述定义,笔者认为,社会企业可定义为以企业化运作手段去实现社会目标的非营利组织。这个定义既简洁,又基本概括了社会企业的核心内容,能够得到较多数人的认同。

社会企业是一种非营利组织,但同纯粹的公益组织相比,经济性的经营行为是社会企业的突出特征;同经济企业相比,经营目标的公益性又成为社会企业的突出特征。②

社会企业具有两个突出特点:一是具有社会目标,二是企业化手段。

(三)社会企业的分类

社会企业可以从不同的角度来进行分类。

1.按使命导向状况来分,可分为三类:

一是以使命为中心的社会企业。这个组织的社会目标是这类社会企业的中心。这类社会企业创造出来,旨在传达使命,即用自融资模式推进使命。组织创建是为聘用弱势群体(创造就业),小额信贷机构就是这种类型社会企业的例子。

二是与使命相关的社会企业。这类社会企业以项目的社会价值和经济价值创造去资助该组织的社会项目或营运开支,从而具有协同特性。商业化的社会服务组织是一种常见的与使命相关的社会企业。在登记日间护理项目中,家庭服务组织提供给低收入家庭孩子的免费餐就是这一类例子。扩大使命是这种类型社会企业的目标。例如:妇女的经济发展组织,通过小型咨询服务,支持自雇单身母亲,然后,扩大它的使命,开放基于免费的弹性范围的托儿社会企业,使其客户有更多的时间专注于他们的工作。

三是与使命无关的社会企业。这类社会企业无关组织的使命,或

---

① 卞涛,周成礼,岳爱东.英国社会企业的发展经验及其对我国的启示.未来与发展,2009(9).

② 时立荣.从非正规就业组织到社会企业.理论学刊,2005(9).

者说它试图推进组织使命，但不是通过创收以满足社会项目和运营成本。业务活动可能有社会倾向，把在附属企业中运作的营销或品牌价值，放到总公司非营利的服务或部门。不过，潜在的利润是创造一个无关使命的社会企业。

上述三类社会企业，可用图 6.1 表示：

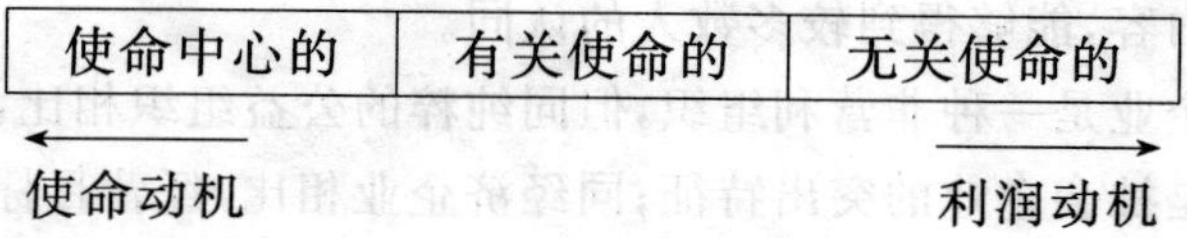

图 6.1　按动机划分的社会企业类型

2. 按商业/项目整合状况可分为三类：

一是嵌入式社会企业，社会项目和企业活动是一体的、相同的。

二是整合式社会企业，社会项目与企业活动是重叠的，通常分享成本和财产。

三是拓展式社会企业，社会项目与企业活动是不同的。

上述三类社会企业，见图 6.2。

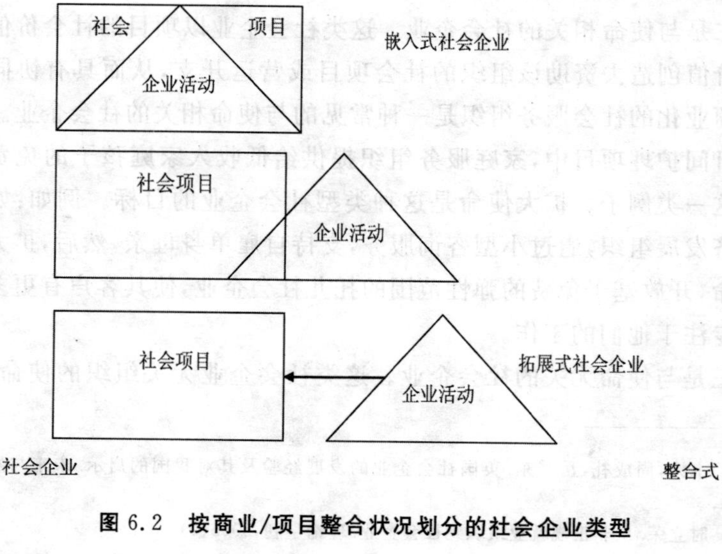

图 6.2　按商业/项目整合状况划分的社会企业类型

3. 按运作模式来分,可分为基本运作模式、组合模式和增强模式。

基本运作模式又可分为:

(1)企业家支持模式,即社会企业把它的商业支持和金融服务卖给它的目标群体和"案主"、自雇个人或企业,然后社会企业顾客到公开市场上出售他们的产品或服务;

(2)市场中介模式,即社会企业把他们的服务提供给目标群体、"案主"或小生产者(个人、企业、合作社),然后帮助他们取得市场;

(3)就业模式,即社会企业提供就业机会和职业训练给目标群体、"案主",或那些具有较高就业阻力的人,诸如残疾人、无家可归者、难管束的青年和有犯罪前科者;

(4)免费服务模式,即社会企业把它们的社会服务商业化,然后直接卖给它的目标群体或者"案主"、个人、企业、社区,或者给第三方付费者;

(5)低收入案主的市场模式,是免费服务模式的一个变体,认为目标群体或"案主"是一个销售商品或服务的市场;

(6)合作模式,即社会企业通过成员的服务,提供直接的利益给它的目标群体,"案主"或合作社成员;

(7)市场连结模式,即社会企业为目标群体或"案主"、小生产者、当地企业、合作社同外部市场之间的交换关系提供便利;

(8)服务补贴模式,即社会企业出售它的产品或服务,然后用出售的利润来资助它的社会项目;

(9)组织支援模式,即社会企业出售它的产品或服务给外部市场、企业或普通公众,在一些情况下,它的目标群体或"案主"即是它的买家。

组合模式又可分为:

(1)复合模式,即包括两个或多个运作模式;

(2)混合模式,即混合了多种模式,每一种包括不同的社会项目、金融目标或市场机会资助结构。

增强模式又可分为:

(1)特许经营模式,即一个组织可以特许它的"已证明的社会企业模式"并且出售给其他的非营利组织，作为它们的活动来运作；

(2)"私营—非营利伙伴"模式，即在一个营利公司和一个非营利组织之间，混合了互惠的商业伙伴关系或合资关系。①

总的来说，从上述复杂的模式可见，社会企业超越了传统非营利组织的活动领域，社会企业不仅服务于健康、慈善、教育等传统领域，同样开展直接创造就业与发展经济的活动。②

(四)社会企业家

社会企业中有一位核心人物，即社会企业家，社会企业家创造社会企业。社会企业家，一方面要具有企业家精神，具有创新精神和开拓意识，充满市场竞争意识；另一方面社会企业家要具有公益理念和公益精神，能通过企业家的思维，利用商业策略达至社会目标。③

社会企业家与一般的营利性企业家是不一样的，社会企业家具有明确的社会使命：解决社会问题，改善社会秩序，最终创造社会价值。

社会企业家从市场失灵中寻找新机遇，他们的创业活动为解决市场失灵问题提供了另一个解决途径。社会企业家应对市场失灵的方法有：非市场方法(目标群体无支付能力)、有限市场方法(目标群体有部分支付能力)、低利润市场方法(目标群体有完全支付能力)。④

具体来说，社会企业家具有以下特性：

一是选择一种能创造和维持社会价值的使命。对社会企业家来说，社会进步的使命应比赚钱更为优先。

二是体认并锲而不舍地追求能服务于使命的新机会。别人只看到困难，企业家则能看到机会。社会企业家具有达到目标的愿景，并且有决心一定实现。

---

① Kim Alter, *Social Enterprise Typology Virtue Ventures*, LLC 2007. 资料来源：https://wiki.qut.edu.au。

② 朱明. 社会企业的四大发展理念. 21 世纪商业评论，2006(18).

③ 朱晓红. 社会企业：北京市构建节能型社会的创新机制. 华北电力大学学报：社会科学版，2009(2).

④ 彭秀丽. 社会企业理论演进及其对我国公共服务均等化的启示. 吉首大学学报：社会科学版，2009(2).

三是投入一场不断创新、调适的学习之旅。社会企业家必须不断地追求创新之道,以确保他能创造社会价值并成功地获得所需的资源。

四是社会企业家必须果断,且不被目前现有的资源限制。社会企业家能运用以小搏大的技巧吸引外界的资源。

五是从为顾客服务所创造的成绩中来展现高度的责任感。社会企业家采取各种方式创造价值。[①]

总之,社会企业家是社会企业的重要人物,一个好的社会企业通常少不了一位优秀的社会企业家。

(五)社会企业的意义

从不同的角度而言,社会企业的产生具有多方面意义。

1.经济层面

社会企业可以在福利系统的转换、创造就业机会及地区发展三个方面促进经济的发展。

2.社会层面

社会企业通过造血式的经济和福利运行方式提高创业就业能力,能够解决社会排斥造成的社会边缘化问题,从而增加底层群体向上流动的动力,有着重大的社会链接作用。[②] 换言之,社会企业满足了社会需要,用商业成功来解决社会或环境问题。因此,解决社会或环境问题以满足社会需要就成为社会企业的生存原则和社会企业发展的动力源泉。

3.政府部门层面

社会企业有助于实现政府关于建立更公平公正社会的构想,有助于政府实现其重要目标。社会企业通过引进新的服务方法和服务体系来改善公共服务,弥补政府在社会服务方面的不足,从而极大地改善了公共服务的整体水平。

4.营利性企业层面

社会企业提高了企业的社会责任感。在越来越多的商业部门意识

---

① 格雷戈里·迪斯,杰得·埃默森,彼得·伊科偌米.企业型非营利组织.颜德治,等,译:北京大学出版社,2008:4.

② 时立荣.从非正规就业组织到社会企业.理论学刊,2005(9).

到承担社会责任重要性的今天，大量社会企业的涌现必将提升普通企业的社会责任感，从而促进社会问题的解决。

社会企业全面提高了企业水平，证明道德约束和商业成功是可以结合的。企业是经济的活力源泉，对企业的激励可以提高整个社会的生产力和竞争力，改善效率和创新，从而取得经济成功。社会企业以其鲜明的特点必将吸引大量无意于传统商业的创业者，从而全面提升企业的水平。[①]

5.社会文化层面

社会企业本身所塑造的一种社会文化也是社会企业对整个社会的重要贡献，而这种文化被诠释为一种“社会企业精神”。在美国，非营利组织的领导者被要求必须具备社会企业精神，以更有效地掌握市场规律与方法，所以非营利组织领导者必须转型为社会企业家。在加拿大，社会企业精神被阐述为两个层面的含义：一方面，其营利部门的活动强调社会参与的重要性，并且奖励表现良好的成员；另一方面，社会企业家还鼓励企业参与非营利性的活动，以便提高组织效率并且树立长期的可持续发展战略。由此可以看出，社会企业精神是在对以经济发展为核心的理念提出一种新的要求，它强调价值创造，创新与社会责任于一体，对未来社会的可持续发展具有非常重要的意义。[②]

三、采用社会企业化视角

从上述对社会企业的梳理中不难发现，社会企业化视角与市场化视角不同，社会企业化视角非常有利于中国公共服务领域的建设，民办高等教育发展应当采用社会企业化视角。

首先，社会企业化视角目标是致力于创造社会价值，而不是经济价值，创造经济价值只是它的手段性目标，最终是为了实现社会目标或完成社会使命。在目前的转型时期，中国经济发展虽然取得很大成绩，但

① 卞涛，周成礼，岳爱东.英国社会企业的发展经验及其对我国的启示.未来与发展，2009(9).

② 赵莉，严中华.国外社会企业理论研究综述.理论月刊，2009(6).

社会建设严重滞后,社会问题层出不穷,采用社会企业化视角优势明显。

其次,社会企业化视角超越了市场与非营利组织的界限,强调非营利组织自我发展能力,学会自己到市场中筹集资源,不是纯粹依靠私人的慈善捐助和国家财政资助,这非常适合发展中国家在经济发展水平不高的现实条件下的非营利组织的发展,以更好更有效地实现非营利组织的社会目标。

再次,采用社会企业化视角,是发达国家较普遍的一种趋势,已有丰富的成功经验,也符合中国建立社会主义市场经济体制的目标。

综上所述,中国公共服务领域的建设,不能再以市场化视角为指导,应当把它转到社会企业化视角上来,中国民办高等教育发展也应当采用社会企业化视角。

第二节　转向社会企业化发展模式的必要性与可行性

中国民办高等教育的主导发展模式转向社会企业化发展模式,既具有必然性,也具有可行性。

一、转向社会企业化发展模式的必要性

中国民办高等教育的主导发展模式转向社会企业化发展模式是必然的,多方面的因素决定民办高等教育必须转向这种发展模式。①

(一)从民办高等教育的本质来看

教育在传统社会中原本主要是家庭的责任,家庭担负着教育子女的任务,传统社会中的私立教育也主要是培养人,而不是营利。工业社会以来,教育在很大程度上被让渡出来,成为政府(或其他组织)所提供的一种公共服务,由专门的机构——学校来直接担负。不过,从古至今,教育培养人的本质没有改变。

① 查明辉.民办高等教育发展模式转型的必要性:市场化到社会企业化.湖北社会科学,2014(1).

民办高等教育作为高等教育的一部分，虽举办者不同，但也承担着家庭让渡出来的教育责任，与公办高等教育培养人的本质是相同的。

民办高等教育的本质决定了民办高等教育的以下方面。

一是民办高等教育培养人的本质，决定了民办高等教育是见效慢的活动。这就需要民办高校长期耐心地做细致工作，因此，民办高校就应当主要办成非营利性质的。如果是营利性高校，并且政府对营利性民办高校缺乏有效监管，往往会造成营利性民办高校举办者片面追逐短期内的经济利益最大化，使民办高等教育本质异化，损害民办高等教育发展。相反，非营利性民办高校则不存在这一问题。

二是既然是培养社会所需要的人才，这就要求民办高校努力培养“全人”。社会的需要是非常广泛的，既包括经济方面的需要、政治方面的需要，也包括社会稳定等其他方面的需要；既包括当前的需要，也包括未来的需要；既包括整个社会的需要，也包括个体的需要。尽管在不同的情况下教育可以有不同的重点，但任何时候都不应该以教育的一种功能和价值，掩盖或排斥教育的其他功能和价值。[①] 营利性高校（在政府未有效干预下）往往只强调教育的一方面功能和价值（如就业率）以显示其教育的“成效”，这与培养社会所需人才是难协调的。因此，民办高等教育应当办成非营利为主导，才利于“全人”的培养。

三是，既然教育的本质是培养人，就决定了民办高等教育是一项社会事业，而不是产业，就不应当像办工商企业一样，追逐利润最大化，不能把民办高等教育市场化，否则就不叫“教育”了。

总之，民办高等教育的本质决定了民办高等教育不应当以营利模式，尤其是市场化模式为主导，营利性民办高校往往会在缺乏有效监管的情况下，与教育培养人的活动发生冲突。相反，社会企业化民办高校，属于非营利组织，非营利组织是以社会使命为主的组织，它符合民办高等教育的本质要求。

（二）从民办高等教育的资金筹集来看

不同于义务教育和中等教育，高等教育需要巨额资金投入。民办

① 胡正强，王丽恩．高等教育的本质论析．辽宁高等教育研究，1995(3)．

高等教育办学经费单纯依靠学杂费，个人承担比重过高，很多学生难以负担。这就需要民办高校实现办学经费来源多元化，降低学生个人承担的费用，而社会企业化发展模式在资金筹集方面优势明显。

首先，从政府资助而言，提供公共服务是政府的首要职责，政府本身不创造财富，它的财富都是来源于国民税收和国有资产的增值，因而，政府的财富必须用于提供公共服务。社会企业化民办高校属非营利组织，与公办高校一样提供公共教育。所以，非营利性民办高校有资格获得政府资助，而营利性民办高校有营利一面，获得政府资助的合法性则比非营利性的低[①]。

其次，从社会捐赠而言，捐赠者主要看重的不是经济效益，而是捐赠所带来的社会效益，捐给一个营利组织和捐给一个非营利组织，所产生的社会效益显然是不一样的。所以，非营利性民办高校获取捐赠的优势比营利性民办高校要大得多。

社会企业化发展模式下，民办高校具有政府资助与社会捐赠这两个方面的资金来源，而且社会企业化民办高校借鉴了营利组织的运作方式，积极面向市场，主动经营，投资其他实体获取回报，以企业化的运作方式筹集资金，来弥补办学资金的不足。

此外，从生源上来说，社会企业化民办高校是非营利性的，比营利性民办高校更能博得人们的信任，生源也会比营利性民办高校更广，生源广通常使办学资金问题容易解决。

总之，从民办高等教育的资金筹集来看，谋求政府资助和私人捐赠，以及获取市场资源方面，社会企业化民办高校的综合优势强于营利性民办高校和其他非营利性民办高校。

（三）从国家对民办高校的要求来看

法律是国家意志的体现。无论是《教育法》，还是《高等教育法》，都要求举办民办高校的组织和个人“不得以营利为目的”。作为下位法的《民办教育促进法》，也没有明确支持民办学校以营利为目的，而是把举办者可以取得合理回报放入奖励条款当中，随后，国家对取得合理回报

① 当然采用补贴需方的办法也可以。

的规定中，手续复杂，程序繁琐。总的来说，国家还是希望举办者以捐资办学为主，而不是投资办学。

在此情况下，属于非营利性组织的社会企业化民办高校是符合国家的政策导向的。

（四）从中国的现实国情来看

中国正处于经济发展方式迫切需要转型的时期，迫切需要把“人口大国”转变为“人力资源强国”。显然，作为专门培养人力资本的高校应当担负主力军的重任。

尽管近些年来大学扩招很快，2012 年，我国高等教育毛入学率达到 30%[①]，但接受高等教育的人在总人口中的比例并不高。据 2010 年第六次全国人口普查数据显示，每 10 万人中具有大学文化程度的只有 8930 人。这表明我国高等教育还需要大力发展。

另一方面，目前中国多数人仍然并不富裕。2011 年底城乡居民储蓄存款余额 34.36 亿元，人均仅 2.55 万元。考虑到财富分配两极分化日益加剧，实际上，多数中国人的存款仍然非常少。目前，即使不考虑每年的间接成本，只考虑四万元左右的学杂费、食宿费等直接成本，上大学都已是多数家庭的沉重负担。高等教育成本分担中大学生负担过重成为了中国高等教育进一步发展的巨大瓶颈。

上述两方面说明，举办民办高等教育就应以社会企业化发展模式为主导，而不应当是其他发展模式。社会企业化民办高校的目标对象直接指向中国庞大的收入不高的群体，特别是农村中下阶层子弟和大量的农民工，同时他们也是中国的弱势群体。社会企业化民办高校要以企业化运作方式，积极主动地利用市场资源，而不像传统非营利组织那样，仅仅主要依赖私人捐赠和政府资助，要使自身具备较强的筹资能力，在保证教育教学质量的前提下，提高经济效益和社会效益，尽可能地解决更多人的高等教育需求问题。

（五）从美国私立高等教育的发展经验来看

美国私立高等教育一直以来是以非营利发展模式为主导的。近几

① 资料来源：《2012 年全国高等教育事业发展统计公报》。

十年来,随着政府资助和私人捐赠的减少,美国私立高等教育的主导发展模式,虽然还是属于非营利性质,而准确地说,已经转到社会企业化发展模式上来了。

美国私立高等教育社会企业化发展模式具有以下两个突出特征:

1.私立高校社会企业化

在私立高等教育社会企业化发展模式下,举办者致力于把私立高校办成社会企业,它主要包括办学的非营利性和企业化两个层面。

其一,办学的非营利性。美国许多私立大学,包括一些一流大学早期都是由教会基于非经济因素创办的,因而往往能主动坚持办学的非营利性。其后的非营利高校的创办者大都是捐资办学,捐赠者自愿将一些自有资产拿出来用于办学,一旦他们捐赠之后,这笔资产便不属于捐赠者,捐赠者不再拥有资产所有权以及剩余索取权[①]。私立非营利高校一般都设有董事会。董事都是由社会精英兼职的,并不拿工资。这些非常利于维持私立非营利高校的非营利性。不过,美国私立非营利高校的非营利性,还在于良好的社会问责制度和评估制度,为确保其非营利性建立了多道防线,即政府的监督、独立的第三方评估、非营利组织的同行互律、媒体与公众的监督与评估等,这些共同保证了非营利组织良好的社会公信力。[②] 再有,为了鼓励私立非营利性高校发展,政府对营利性私立高校征收高达40%左右的所得税[③];非营利的则免税。

其二,办学的企业化。私立高等教育社会企业化发展模式中的“企业化”并非私立高校发生质变,完全变成营利至上的企业,而是指私立高校越来越具有企业的一些特性,主要表现在:(1)进一步重视提高效率。1976年秋季至1992年秋季,美国私立非营利高校注册学生由231.43万人增长到287.25万人,增长了24.12%。然而同期支出方面,四年制私立非营利高校支出中,用于教学的支出比例由37.3%下降到32.8%,附属企业运作与维持支出由11.2%下降到8.5%,图书

---

① 周光礼.私立学校与举办者产权关系国际经验与中国探索.高校教育管理,2007(2).

② 李虹.论非营利组织社会公信力的建设.上海交通大学学报:哲学社会科学版,2003(1).

③ 王伟.美国营利性教育机构制度环境分析:陕西人民出版社,2005:152—192.

支出由3.9%下降到2.9%,研究支出由5.0%下降到4.4%;而同期管理成本略有上升,由20.4%上升到20.7%,学生服务支出由7.4%上升到8.7%,公共服务由2.4%上升到3.5%。以上支出,前四项共计下降8.8%,后三项共计上升2.7%,七项总计下降6.1%。这些反映了私立非营利高校办学效率进一步提高。(2)办学资金来源多元化。目前美国私立高校办学资金来源实现了多元化,既有来自政府方面的,也有来自非政府方面的。政府方面包括联邦政府、州政府和地方政府;非政府方面包括学杂费、投资收入、私人赠予与合同收入、教育活动收入、附属企业收入、医院收入以及其他收入。(3)学杂费越来越高。以2006~2007年不变美元价格计算,1976~1977年度,私立学位授予机构平均学杂费13586美元,其中,四年制的平均13832美元,两年制的平均10333美元,到2007~2008年度,平均、四年制及两年制各增长到28846美元、29307美元、20936美元,分别增长了112.32%、111.88%、102.61%。学杂费日益增长表明受教育者越来越需要按市场交换原则换取高等教育服务。(4)奖学金减少。以2008~2009年的不变美元价格计算,从1998~1999年度到2008~2009年度私立非营利学位授予机构支出中,学生净奖学金由122256.5万美元减少到75785.2万美元,由占总支出的1.62%减少到0.54%,生均奖学金由640美元减少到246美元。①

不过,应当注意的是,办学的非营利性和办学的企业化在私立高等教育社会企业化发展模式这一整体中是密不可分的。

2.政府进行有效干预

由前面第五章已知,美国政府对私立高等教育的发展进行有效干预,主要是通过对私立高校的资助与监管来完成的,两项制度结合,较好地干预了美国私立高等教育的发展。

美国私立高等教育社会企业化发展模式对私立高等教育的发展产生了积极效应。

第一,实现了美国处于精英高等教育位置的私立非营利高等教育

① 资料来源:美国国家教育统计中心网站:http://nces.ed.gov。

的持续发展。

自哈佛建校以来,美国私立高等教育都在非营利发展模式下运行。二战后,美国迈出了公立高等教育大众化的步伐。① 私立高等教育的发展便相对受到挤压,使得美国私立高等教育开始转向社会企业化发展模式。但二战后,美国进入了较长时间的繁荣阶段,从1947到1969年,除了少数年份,政府财政都是盈余,因而即使在公立高等教育大众化的背景下,政府也有实力加大对私立高等教育的资助。然而,到1970年,政府出现83亿美元的赤字,整个70年代除1973年盈余,其余都是赤字。80年代,财政赤字进一步攀升。90年代前期,政府赤字仍然居高不下,但1992年开始减少,1998年还出现了1973年以来的又一次财政盈余,达805亿美元。而好景不长,2002年又出现赤字3068亿美元。此后虽偶有缓解,但2008年后赤字又不断升级,2009年更是首次破万亿,2011年赤字已接近1.3万亿美元。② 另外,截止到2014年4月21日下午5时,美国政府债务超过17.54万亿美元,相当于每个美国人55184美元,每个家庭151611美元。③ 财政危机使私立非营利高校收入中来自政府的收入比例开始减少。1980～1981年度,私立非营利高校总收入中,联邦政府投入占19.0%,2009～2010年度降至13.58%,州政府和地方政府投入则徘徊不前,为1.30%左右。在政府资助份额逐渐减少的同时,社会企业化发展模式则日趋成熟。时至今日,社会企业化发展模式仍然是美国私立高等教育的主导发展模式。

正是在社会企业化发展模式下,美国处于精英高等教育位置的私立非营利高等教育实现了持续发展,它体现在两个方面:(1)从四年制私立非营利高校发展状况来看,美国私立高等教育自产生以来,一方面,不断有私立非营利高校倒闭,另一方面,不断又有新的私立非营利

① 陈学飞.美国高等教育发展史:四川大学出版社,1989:161.

② 资源来源:美国政府2011年财政赤字近1.3万亿美元.新华网:http://news.xinhuanet.com/world/2011-10/15/c_122160351.htm。

③ 资料来源:美国国家教育统计中心网站美国国债钟网站:http://usdebtclock.org。

高校产生,总体而言是在发展。1976～1977 年度,私立学位授予机构 1591 所,其中私立非营利的 1536 所,占私立总数的 96.54%,私立非营利高校处于主导地位。私立非营利学位授予机构中,四年制的占 87.76%,两年制的占 12.24%。到 2011～2012 年度,私立非营利学位授予机构增长到 1653 所,比 1976～1977 年度增长了 7.62%,占私立总数的比例则减少到54.07%,但仍然占私立的多数。四年制私立非营利的 1553 所,比 1976～1977 年度增长了 15.21%,不过,两年制的减少到 100 所,仅占私立总数的 3.27%。(2)从高校授予的博士学位来看,1969～1970 年度,私立非营利高校授予的博士学位占总数的 43.31%,到 2010～2011 年度,私立非营利高校授予的博士学位占总数的比例增长到 48.15%,而营利性高校授予的博士学位仅占总数的 3.28%。①

第二,基本维持了美国私立非营利高等教育的公益性。

虽然美国私立高等教育不是政府举办,但处于精英高等教育位置的私立非营利高等教育,一直以来注重维持其公益性。美国最早的许多私立大学从一开始就享有公共资助,②政府通过资助的形式维持其公益性。

在社会企业化发展模式下,美国私立非营利高等教育也在继续维持着公益性,这充分反映出在其成本分担中,学杂费一直以来并非唯一的经费来源。"二战"到 70 年代末,美国私立非营利高校学杂费收入一直都没有超过 20%,80 年代到 2007 年逐步增长,但也都在 40%以下。

20 世纪 80 年代以来,私立非营利高校的学杂费不断增长的同时,对学生的资助力度也在加大。(1)私立非营利高校对学生的资助额更高。1992～1993 年度,私立非营利学位授予机构全日制本科生获得的平均奖学金为 6030 美元,是公立的 2.51 倍。其中四年制博士学位授予机构的 6810 美元、其他四年制的 5370 美元、非四年制的 4860 美元,

---

① 资料来源:美国国家教育统计中心网站:http://nces.ed.gov.

② [美]菲利普 · G. 阿特巴赫,等. 为美国高等教育辩护. 别敦荣,陈艺波,译:中国海洋大学出版社,2007:276、13.

分别是公立的2.51倍、2.22倍、2.47倍。到2007～2008年度,私立非营利学位授予机构全日制本科生获得的平均奖学金比1992年增长了一倍,增长到12070美元,是公立的2.26倍。其中四年制博士学位授予机构的12870美元、其他四年制的11490美元、非四年制的5720美元,分别是公立的2.03倍、2.14倍、1.60倍。(2)私立非营利高校对学生的资助面更宽。2000～2001年度,私立非营利学位授予机构全日制攻读首个学位的注册本科生有82.6%获得了资助,高于公立高校的17.2%,其中68.1%获得大学奖学金,高于公立高校的45.4%,57.7%的学生获得贷款,高于公立高校的20.0%。到2008～2009年度,私立非营利学位授予机构全日制攻读首个学位的注册本科生有87.2%获得了资助,比2000年增长了4.6%,高于公立高校的13.9%,其中获得大学奖学金的比例增长了8.5%,达到76.6%,高于公立高校的50.1%,60.6%的学生获得贷款,高于公立高校的24.3%。

此外,私立高校还可获得更多的贷款,私立高校收取学杂费和对学生的补助是采用与家庭收入相结合的办法。[①] 这也较大程度提高了中下阶层对精英高等教育的可及性。

综上所述,从美国私立高等教育的发展经验来看,中国民办高等教育的主导发展模式也应当转向社会企业化发展模式。

二、转向社会企业化发展模式的可行性

中国民办高等教育的主导发展模式转向社会企业化发展模式的可行性主要在于以下方面。

(一)国家政策利于非营利性高校发展

一直以来,国家没有把民办高校区分为营利性与非营利性,民办高校大都登记为民办非企业单位。

民办高等教育作为一项社会事业,我国现行教育法规都要求其举办者“不得以营利为目的”。《民办教育促进法》也没有明确支持民办学

① [美]多纳德·E.海伦.大学的门槛:美国低收入家庭子女的高等教育机会问题研究.安雪慧,周玲,译:北京师范大学出版社,2008:80—81.

校以营利为目的，仅仅在奖励条款中，允许举办者取得合理回报。国务院制定并于2004年实施的《民办教育促进法实施条例》进一步要求，举办者取得合理回报之前，必须向社会公布与其办学水平和教育质量有关的材料和财务状况。再有，一直以来，国家也没有对民办高校进行区分，都是登记为民办非企业单位。这些都反映出国家政策是希望民办高校向非营利方向发展的。

然而，在现实中，很多名为非营利的民办高校实为营利性高校，而且也享受税收等各种优惠，这样使许多人很难辨别真伪，因而干脆就读时尽量不选择民办高校，结果使真正的非营利性民办高校大受打击。

不过，2010年公布的《国家中长期教育改革和发展规划纲要(2010～2020年)》提出，要积极探索营利性和非营利性民办学校分类管理。国家要将民办学校分为营利性学校和非营利性学校，表明国家不再希望所有民办高校都办成营利的，这种正确做法无疑将有利于属于非营利性的社会企业化民办高校的发展。

(二)社会办学潜力极大，民办高等教育资源丰富

自古以来，我国民间就蕴藏着极大的办学积极性。兴起于春秋、战国时期的私学，历经朝代变迁，绵延不断，①尤其是早在唐代就出现了私人创办为主的高等教育机构——书院。南宋时期，书院更是达到极盛，共建136所，甚至大有取代官学而成为主要教育机关之势。② 到了近代的国民政府时期，私立高等教育更是达到顶峰。新中国初的院系调整之前，私立高校占全国的39%。③ 改革开放以来，社会办学热情被激发起来，民办高等教育迅速得到恢复发展，尽管90年代末，公办高校开始扩招，民办高等教育发展进入调整阶段，但社会办学潜力仍然非常大，民办高等教育资源丰富。这从以下方面可以看出：

第一，社会上存在大量人力资源可供民办高校师资队伍建设所需。

---

① 全国人大教科文卫委员会教育室，香港大学中国教育研究中心.民办教育研究与立法探索:广东高等教育出版社，2001:3.

② 全国人大教科文卫委员会教育室，香港大学中国教育研究中心.民办教育研究与立法探索:广东高等教育出版社，2001:8.

③ 潘懋元.潘懋元论高等教育:福建教育出版社，2000:336.

一是退休人员。尽管中国已经进入了老龄化社会,但大量的低龄老人,如高校退休教师、企业退休的熟练技工等还有能力发挥余热,一些老人退休金较低,他们也愿意再次就业。二是高校毕业的本科生、硕士研究生。快速的高校扩招使文凭大幅贬值,目前研究生都很难找到比较理想的单位,但是,这些青年人经过锻炼,完全可以成为社会企业化民办高校的骨干,加之社会企业化民办高校属非营利组织,吸引人才比其他民办高校更有优势。三是一些事业单位的在职人员,如公办高校、研究院的在职人员。他们普遍有时间从事第二职业,事实也是如此,他们也可成为社会企业化民办高校的辅助师资力量。

总之,社会上存在大量人力资源,可保证社会企业化民办高校招聘到优秀师资力量。

第二,社会上已有为数不多的"准"民办高校社会企业家,只要政策适当,将来还会涌现更多。

社会企业化民办高校的举办中,最关键的是民办高校社会企业家,他能把分散的各种资源有效地组合成社会企业化民办高校。目前民办高校举办者当中,有不到10%的能把民办高等教育作为一项事业来追求的举办者,尽管数量还不多,但他们就是"准"民办高校社会企业家。只要国家出台合适的鼓励政策,一定会有更多民办高校社会企业家涌现。再有,随着中国私营企业的发展,越来越多的企业家认识到应当承担社会责任,回报社会,他们当中将来也可能会产生一些民办高校社会企业家。此外,随着越来越多的人接受高等教育,大学生创业者越来越多,将来的民办高校社会企业家也许就在他们之中。

(三)可得到广大学生及家长的支持

社会企业化发展模式能得到广大学生及家长的支持,其原因在于以下方面:

首先,广大学生及家长倾向于寻求非营利民办高校。在某些领域,消费者往往缺少足够的信息来评价服务的质和量。在这种情况下,如果服务由营利性组织提供的话,它们很可能利用自己在信息不对称关系中所占的优势地位以次充优,以少充多,欺骗消费者,谋求自己利润的最大化。非营利组织则不同,在国家进行有效监管的情况下,它们要受不得分配赢利的约束，既然营利不是它们的目的，它们借信息不对称之机占消费者便宜的可能性就要小得多。从消费者的角度考虑，他们当然倾向于找比较值得信赖的机构来提供这类服务。[①] 社会企业化民办高校属于非营利性高校，教职工能把民办高等教育作为一项事业来追求，办学结余只用于学校未来发展所需，容易取得广大学生及家长的支持。

其次，截止到 2013 年，民办高校办学经费主要依赖学杂费，而社会企业化民办高校则能改变这种状况，实现办学经费多元化，教育成本中学生个人承担的比例可大幅下降，从而大大拓宽中低阶层生源。

总之，能得到广大学生及家长的支持是社会企业化民办高等教育发展模式持续发展的动力源。

第三节　转向社会企业化发展模式的意义

中国民办高等教育的主导发展模式转向社会企业化发展模式，虽然并不能从根本上解决民办高等教育面临的所有问题，但它是民办高等教育应对挑战的必要条件，意义重大。

一、对国家意义重大

第一，利于建设“人力资源强国”。

我国许多人均主要资源都远远低于世界平均水平，而最大的天然资源禀赋就是人口，改革开放三十多年取得的成就很大程度上就是得益于积极发展劳动密集型产业获得的“人口红利”。然而，随着 20 世纪 80 年代计划生育政策的推行，出生人口减少，人口老龄化日益加重，2010 年第六次全国人口普查显示，65 岁及以上人口已占 8.87%；近几年来东部沿海地区出现“民工荒”；各地体力劳动者工资大幅提升。这些都表明，“数量型”人口红利正在衰退[②]，低工资、低附加值的劳动密

① 王绍光. 多元与统一：第三部门国际比较研究：浙江人民出版社，1999：33－34.
② 蔡昉. 蔡昉：人口红利消退 中国制造业何去何从. 财经界，2012(5).

集型产业已到了必须转型的时候,这就要求劳动者的素质必须提升,应抓紧实施党的十七大提出的关于“建设人力资源强国”的战略部署,增加整个国家的人力资本存量。社会企业化民办高校目标直接指向占中国人口大多数的中下阶层,满足他们的高等教育需要,显然有利于“人力资源强国”战略的实施。

第二,利于政府端正角色。

截止到2013年,政府对待民办高校存在越位与缺位并存的现象。民办高等教育只有在社会企业化发展模式下,其举办者基于社会目标而真心办学,这样才利于减少政府的越位与缺位现象:一方面,社会企业化民办高校属非营利组织,能够自觉改善内部治理状况,实现治理科学化,更不会影响社会稳定,如此,政府也就没有越位的理由,民办高校的办学自主权也将由此得到扩展;另一方面,社会企业化民办高校是真正“不以营利为目的”的高校,与公办高校一样,为国民提供公共教育,如此,政府也就没有理由在给予民办高校与公办高校同等待遇方面继续缺位。政府角色得到端正后,对民办高等教育发展无疑具有极大的推动作用。

二、对民办高等教育发展意义重大

社会企业化发展模式是民办高等教育实现可持续发展的必要且可行的主导模式,转向这种发展模式意义重大,这体现在以下方面:

第一,为中国民办高等教育发展指明了一条正确道路。

中国民办高等教育到20世纪90年代中后期形成的市场化发展模式,虽然取得了很大成绩,但随着外部环境的巨变,市场空间越来越小,民办高校越来越依靠招生,把招生作为民办高校的中心工作,而忽视教学工作,这使得民办高等教育的发展越来越偏离正确的发展轨道,对民办高等教育的长远发展非常不利。中国民办高等教育恢复发展已有30多年,至今还没有一所全国公认的办得好的民办高校(尽管2011年已有5所民办高校有了硕士点),很大程度就是因为发展模式的错误选择所致。社会企业化发展模式的提出,为民办高等教育的发展指明了一条正确道路。民办高等教育的发展还是应当以非营利发展模式为主导，并且要运用企业化的运作方式。民办高校的发展方向摆正了，运作方式吸收市场化发展模式的某些有益做法，中国民办高等教育的发展之路才会越走越宽。

第二，利于大大缓解民办高校办学经费紧张的问题。

一方面，社会企业化民办高校注重办学经费多元化，除了学生的学杂费之外，还可积极争取政府资助，努力谋求社会捐赠，面向市场投资获得回报，以及服务社会换取服务收费，等等；另一方面，社会企业化民办高校注重采用企业化运作手段，使办学经费的使用效益得以提高，从而也利于缓解民办高校办学经费紧张的状况。

第三，有利于民办高校提高教学质量。

社会企业化民办高校，目标不在于谋求利润最大化，而在于解决广大中下阶层的高等教育需求。社会企业化民办高校的办学经费来源可以实现多元化，不会过于依赖招生工作，更不必把招生作为民办高校的中心工作，而是让教学、培育学生人力资本回归中心位置，使民办高校工作步入正常发展的轨道。如此一来，民办高校可真正重视师资队伍建设，切实实行“事业留人，待遇留人，感情留人”。社会企业化民办高校真正重视教师队伍建设之后，教师可安心于教学工作，专心致志地提升教学水平，提高教学质量。

第四，有利于大大减少高等教育领域的恶性竞争。

社会企业化民办高校改变市场化模式下把招生作为民办高校的中心工作的特点，而是把教学作为中心工作，教学质量得到提升，很自然也能吸引越来越多的学生，如此一来，原来把“招生作为生命线”的其他民办高校和公办高职院校也都必须更加重视教学工作，否则生源受影响。其结果，市场化模式下，在中国高等教育领域中，以不断攀升的“回扣”来招生之类的恶性竞争将大大减少，形成互相促进的良性竞争局面。反过来，高等教育领域的恶性竞争减少了，彼此之间的内耗也可大大减少，使得各竞争主体都有更多的时间与精力来真正提高学校的教学质量。

三、对民办高校学生意义重大

民办高校大学生是民办高等教育的主体。民办高等教育发展的主导模式转向社会企业化模式对于民办高校大学生的重要意义体现在：除了可大大降低民办高等教育成本分担中大学生个人所占的高比例之外，更为重要的是，还可增加因民办高校真正重视教学质量而带来的更多的人力资本，大学生的人力资本存量增加也就可相应地提高就业能力[①]，改善就业质量，改变目前绝大多数民办高校大学生只能进入次级劳动力市场的局面，民办高校大学生就业状况得到改善，也就能相应地大大拓展民办高校生源的量与质。

综上所述，民办高等教育的主导发展模式由市场化转向社会企业化意义重大，它将成为中国民办高等教育发展的一个里程碑。

① 李培林，田丰. 中国劳动力市场人力资本对经济社会经济地位的影响. 社会，2010(1).

第七章 社会企业化发展模式运行的政策环境

中国民办高等教育社会企业化发展模式得以良性运行需要一定的政策环境，即一系列政策整合成的政策集合。本章主要研究相关问题。

第一节 改善高等教育发展的外部环境

民办高等教育社会企业化发展模式的运行需要良好的外部政策环境。

实际上，不仅民办高等教育，整个中国高等教育的发展都需要一个良好的外部政策环境。民办高校要努力保持系统的内平衡与外平衡，然而，民办高校所面临的结构性问题，并非民办高校单方进行系统调整即可，而是必须进行整体改革才有助于问题的根本解决。改善中国高等教育发展的外部政策环境，目前最迫切的就是优化中国的社会结构。

优化中国的社会结构，对于民办高校组织的输入（生源）与输出（毕业大学生）都是非常关键的。具体来说，优化中国的社会结构主要包括以下方面：

一、优化产业结构

中国产业结构的传统性仍然非常明显，详见表 7.1：

表 7.1 世界主要国家三大产业就业人数之比

	三大就业人数之比		三大产业产值之比	
	1984 年	2008 年	2000 年	2008 年
美国	1:8.63:18.86	1:13.27:52.4	1:19.5:62.83	1:17.83:64.5
英国	1:12.36:24.95	1:15.29:54.93	1:28.2:70.7	1:33.71:108.14
法国	1:4.12:7.38	1:7.76:25.55	1:9.12:29.68	1:11.22:43.06
日本	1:3.92:6.34	1:6.5:16.02	1:18:36.56	1:18.67:47
德国	1:7.90:10.04	1:16.88:40.88	1:23.31:52.69	1:33.44:76.67
加拿大	1:4.79:13.44	1:8.96:31.88	1:14.43:28.04	1:16.84:34.79
瑞典	1:5.82:12.71	1:5.60:17.98	1:14.25:34.55	1:15.71:42
中国	1:0.31:0.25	1:0.69:0.84	1:3.10:2.66	1:4.30:3.55

注:* 2009 年数据

资料来源:(1)中经网—中国经济统计数据库;(2)国家统计局网站:http://www.stats.gov.cn。

表 7.1 显示,从三大产业就业人数之比来看,从 1984 年到 2008 年,中国第二、三产业的就业人数比例提高较大,但跟主要发达国家相比,差距仍然非常大。再从三大产业产值之比来看,2008 年,中国第二、三产业产值比 2000 年有所增长,但是,同样仍然远远落后于主要发达国家。

中国产业结构的落后性,很不利于大学生就业,一些大学生"毕业即失业"或者相当多的大学生被迫从事低技能的工作,与此有很大关系。

因此,中国需要下大力气进一步优化产业结构,要在加强第一产业的基础地位之上,进一步大力发展第二、第三产业。合理的产业结构将大大利于大学生就业,有效缓解大学生就业难、就业质量低的问题。

从以上数据不难看出,优化中国的产业结构非常迫切。中国要在加强第一产业的基础地位之上,进一步大力发展第二、第三产业。合理的产业结构将大大利于大学生就业,有效缓解大学生就业难、就业质量低的问题。

二、优化经济增长结构

优化经济增长结构主要是优化投资、消费、进出口的结构。

第一,要加大教育人力资本的国家投资。这是落实教育优先发展战略、科教兴国战略、建设“人力资源强国”的必然要求。

我国人力资本投资还有很大潜力,国家对人力资本投资还很不够。根据测算,1987～2003年,我国人力资本对经济增长的总体贡献率不到30%。[①] 因而,国家要加大教育人力资本投资,目前,一是要加大对民办高等教育的资助;二是要加大对高中教育的投资,2011年初中升学率为86.51%,还有106万人无法升学,[②]随着国家财政能力的增强,高中应当实行免费,破除高等教育发展中的这层障碍。

第二,加大对农村、基层、中西部地区的投资。这既是促进区域均衡发展的需要,也是适应大学生到农村、基层、中西部地区就业的需要。

第三,努力扶植中小企业发展,增加中小企业吸纳大学生的能力。中小企业占全国企业总数的99%[③],很自然是吸纳大学生的主体,中小企业生存状况优劣直接影响到大学生就业。不过,我们主张中小企业应坚持或尽量恢复集体性、人民性,依靠集体力量抵抗市场风险,否则绝大多数难逃短命的厄运。

第四,遏制政府消费过快增长,增加居民消费。普通居民消费增长缓慢直接导致企业生产的产品积压、产能过剩,进而降低用人单位对大学生的吸纳能力。

第五,进出口方面,努力维持进出口的均衡发展。一方面,要整合产业链,尽力控制产业链的各个环节,提高出口产品的附加值,节约资源,保护环境;另一方面,藏汇于民,让民间有较多外汇购买海外资源。

总之,经济增长的结构必须优化,否则对毕业大学生的吸纳能力不提高,会直接使一些人丧失对高等教育的兴趣,反过来损害经济的长远发展。

---

① 蒋洋洋.邹恒甫:中国应藏富于民.小康,2009(3).

② 资料来源:国家统计局网站:http://www.stats.gov.cn。

③ 冯源:《中小企业占中国企业总数的99%以上》,新华网:http://news.xinhuanet.com/fortune/2007-05/10/content_6082172.htm.

三、优化社会分配结构

社会分配的不合理使中国成为贫富差距最大的国家之一。如此大的贫富差距是改革开放的总设计师邓小平所极力希望避免的。社会分配不合理一方面直接导致少数人的需求早已满足，虽有消费能力但是没有需求；另一方面大量的中下阶层人民基本的民生需求无法较好满足，有需求但没有消费能力，自然缺乏足够的钱进行教育人力资本投资。

优化社会分配结构：一是减少引进外资，遏制越来越严重的利润外流现象，中国资本早已相对过剩，引进外资应当慎重；二是严厉打击偷税漏税，扩大国家收入来源；三是增加富人的税收，譬如遗产税、针对拥有多套房产的业主的房产税要尽早全面开征，还要考虑尽早开征“共富税”①，以调节过大的贫富差距。

此外，中国的阶层结构也需要优化。截止到 2013 年，中国的阶层结构仍然是典型的“金字塔”型，中下阶层居多，而现代社会需要的橄榄型阶层结构没有形成。② 近些年来，城市房价快速上涨，此前人们还热议与期待的“中产阶级”③，目前大都被“负翁”、“房奴”、“蚁族”、“屌丝”、“屁民”之类的词代替了。

综上所述，中国的社会结构如能实现优化，将大大促进高等教育的发展。中国高等教育发展的外部政策环境改善了，中国高等教育进行内部调整才可能发挥最大功效，民办高等教育也才有可能有较大的发展空间。

第二节　科学规划中国各类高等教育

发展社会事业是国家义不容辞的职责④，民办高等教育属社会事

① 查明辉. 先富阶层分担养老社会责任中的国家角色调适. 商业时代，2013(1).

② 宋林飞. 优化社会结构是构建和谐社会的基础. 社会学研究，2007(2).

③ 周晓虹. 中国中产阶级调查：社会科学文献出版社，2005：45.

④ 洪大用. 关于加快社会事业发展若干问题的思考. 教学与研究，2006(12).

业,国家必须对民办高等教育的发展做好规划。对民办高等教育事业进行规划,必须对整个中国高等教育的全局进行规划,尤其是目前中国高等教育领域存在无序竞争,乃至恶性竞争,亟须国家从战略高度进行科学规划。

1960 年,美国加州对包括公立与私立在内的高等教育所做的规划是一个成功的范例。

1958 年,加州的学院和大学之间的争论发展到白热化的程度。最终,加州按各高校的功能进行了规划,确定了加州公立高等教育的三个层次结构,并确定了三个系统的协调管理模式。

第一,加州大学保留原来的董事会制度,加州州立大学建立独立的加州州立大学董事会,加州社区学院也建立自己独立的委员会。在各自独立董事会的基础上,加州立法,对加州不同部分的公立高等教育实施监管,建立了一个公立协调机构——加州高等教育协调委员会,协调加州公立高等教育体系中不同高等教育类别之间的关系。

第二,确定了三个层次高等教育的分工。其中,关键的一点是社区大学向所有人开放,其主要任务是提供职业技术方面的培训,为普及中学后教育提供优质服务。在社区学院中,并不要求教师从事科学研究;加州州立大学的主要任务是从事本科教育和硕士研究生教育;在加州州立大学中,教师也可以从事科学研究,但是科学研究的中心必须与本科生和硕士研究生教学相关。加州大学在公立高等教育中主要从事研究生和专业教育,同时还规定加州大学在加州公立高等教育中是唯一能够授予博士学位,并有权与加州州立大学联合授予博士学位的大学。更为重要的是,该规划明确规定加州大学是能够使用州研发经费,从事科学研究的唯一学术机构。

第三,加州州立大学和加州大学应该采取不同的录取标准。其中,加州大学的录取标准应该具有明显的选择性,在全州的学业能力评估测试考试成绩中,最好成绩的 1/8 才能升入加州大学,而加州州立大学录取的学生应该在 1/8~1/3 之间,其余的学生进入社区学院。

第四,保持不同层次高等教育之间的开放性。为了确保最好的学生能够获得最好的教育,加州高等教育三个系统之间采取了学生向上流动的开放机制，即加州大学和加州州立大学在本科的高年级每年都预留 1/4 的名额接收从社区学院转入的学生。

至于在公立高校与私立高校之间的关系问题上，加州高等教育总规划强调了公立高校和私立高校之间的共存与公平，保证私立高校的顺利发展。

总之，加州高等教育总规划明确了“功能分类、层次内竞争、层次间合作”的原则①，为当时加州混乱的高等教育理顺了发展关系，使人才培养的层次结构适应了加州经济发展需求，避免了同一层次教育的过度发展而造成的资源浪费，成功地解决了人才培养结构与市场需求之间可能出现的错位问题，确保了加州高等教育在经济发展过程中人才结构的相对平衡。从 1960 年该规划的实施到现在，人们对其赞誉的声音似乎高于批评，因为，该规划为加州经济腾飞提供了必要的人才梯队，典型的例子就是在硅谷的发展中，从 20 世纪 60 年代到现在的三次产业升级中，并没有因为高端人才、中端人才和低端人才短缺而出现危机。②

美国加州对高等教育的规划，对中国高等教育的科学规划很有借鉴意义。

中国对高等教育的规划，应当按各校软件与硬件所决定的各校功能进行规划，不应当按公办与民办的性质进行规划，具体来说：

第一，对于北大、清华等“211”、“985”大学，面向全国选拔尖子生，面向世界，加强研究，成为研究型大学，向国际一流大学看齐，要培养国家精英，搞精英教育，不应当办分校、办远程本科、办 MBA 班之类，用“服务社会”搞创收，分散教育教学力量，因为它们对国家、对民族担有重任，不能降低到仅仅“培养普通劳动者”的地步。

第二，对于普通本科院校，师资力量、教学设备等无法与一类高校相比，应当培养中端人才，不要去与一类大学攀比，也不应当办高职、办

① 刘小强. 加州 1960 年高等教育总体规划：一个高等教育规划的成功范例. 民办教育研究，2006(2).

② 马万华. 功能分层：美国加州高等教育的总体规划的借鉴. 中国高等教育，2008(2).

自考，不要去争抢三类高校的饭碗，专心办好这一层次即可，招生实行一定程度的选择性。少量民办高校可规划为此类高校，绝大多数独立学院也应当规划为此类。

第三，对于其他高校，主要是高职院校，应当承担中国高等教育大众化的责任，面向普通劳动力市场，专门从事教学，培养普通劳动者，培养职业技能型人才，实行免试入学。绝大多数民办高校应规划为此类。

相应地，国家对各类高校的评估和排名也应当分三类进行。

当然，三类高校系统之间是开放的，因为中国的高等教育正处于大众化过程中，尤其是二、三类高等教育还需要大力发展。一类高校长时间不够格，则降格为二类高校；二类高校条件够格，可升为一类；三类高校发展较好，可升为二类，长期不够格的取消办学资格。一类高校对于二类高校的学生应当开放，只要条件符合，二类高校的学生应当有权进入一类高校学习；二类高校对三类高校的学生同样如此。

同样，国家对各类高校的财政拨款，包括所有公办高校与非营利性民办高校，也应当按功能资助，承担功能强，多给予拨款。不过，要有一个底线，即至少保证各类高校能基本正常运转，否则各类高校之间的恶性竞争仍然不可避免。

这样，各类高校各得其所，分层竞争，促进中国的精英高等教育与大众高等教育、公办高等教育与民办高等教育共同繁荣，共同促进我国由人口大国向人力资源强国迈进。

第三节　正确干预民办高等教育的发展

社会企业化民办高等教育发展模式是未来中国民办高等教育的主导模式，需要国家出台政策予以鼓励和引导。

一、对民办高校分类管理

2010 年公布的《国家中长期教育改革和发展规划纲要（2010～2020 年）》提出，要将民办学校区分营利性和非营利性两类，进行分类管理试点。这种按举办者的办学动机进行分类管理的作法显然是非常正确的。分类管理至少应当包括以下几方面政策：

(一)财政政策

社会企业化民办高校属于非营利性高校，与公办高校一样提供公共教育，由于国家可利用国家机器具有筹资的天然优势，因此国家应当给予民办高校与公办高校同样的财政资助；而对于营利性民办高校和市场化民办高校，国家可暂时不予财政资助，或者可采用补贴需方的办法。

(二)税收政策

由于社会企业化民办高校属于非营利性民办高校，应当与公办高校一样，完全免除各种税收，包括所得税、财产税、营业税等，国家给予公办高校的其他方面优惠，如土地划拨等，社会企业化民办高校也应当同样享受。另外，可以学习美国的做法①，对为社会企业化民办高校捐赠的个人、企业和基金会，可将捐款数额从其收入中扣除，让其少缴个人所得税，改变中国目前企业捐赠越多，纳税就越多的不合理现象。②

与此同时，对营利性民办高校可按企业办法进行征税，只要能办出特色，营利性民办高校同样可以生存，比如中国的新东方学校。

(三)教育教学质量监管政策

对社会企业化民办高校，教育主管部门要加强教育教学质量监管，不能因其是非营利组织而放松。当然，与此同时也要加强对营利性民办高校的教育教学质量监管。

二、加大对社会企业化民办高校的财政资助

到2007年国家才开始以国家奖学金、国家助学金的形式给予民办高校一部分学生资助。除此少量资助之外，仍没有确立正式的对民办高校进行财政资助的制度性规定。但是，作为最大的资源拥有者——国家，应加强对社会企业化民办高校的资助。

---

① 王绍光.多元与统一:第三部门国际比较研究:浙江人民出版社,1999:84.

② 李迎生.加快慈善公益事业发展与构建和谐社会.中州学刊,2006(4).

(一)我国资助私立高校的历史经验

我国古代私立教育源远流长,非常发达。国家对私立高校的资助可以追溯到唐宋时期。当时的书院可以说是中国古代的私立大学,宋代书院办学经费的一个恒定来源便是官府拨置为主的书院学田。[①]

在国民政府时代,私立大学达到了顶峰。解放初,全国高等学校227所,其中私立高校占39%[②],这与国民政府实施的资助政策密不可分[③]。

(二)加大对社会企业化民办高校财政资助的依据

目前国家加大对社会企业化民办高校的财政资助,其依据除了民办高等教育的功能之外,笔者还想强调以下方面:

1. 民办高校生源方面

当前,关于中国民办高校一个极其重要的不可忽视的国情,也恰恰被众多政策制定者及研究者忽视的,就是它的生源结构与西方私立高校很不一样,绝大多数学生是来自农村、小城镇,来自中西部地区,来自中下阶层,他们多是农家子弟。这样的生源结构决定了国家有责任加大对民办高校的财政资助。

2. 社会公平方面

从社会公平的角度来说,国家应当加大对社会企业化民办高校的资助。

一是从民办高校大学生来说,尤其是自考生,他们所得到的来自国家的资助,比公办高校的大学生少得多,甚至基本没有。同为一个国家的大学生,但国家给予的待遇不同,这是非常不公平的。

二是从国家财政来源来说,无一例外来自于全体国民,高等教育财政更多只是投入公办高校,而民办高校受益较少,这也是不公平的。

---

① 徐魁鸿. 古代书院的经费筹措对当代民办高校的启示. 成人教育,2005(2);喻本伐. 学田制:中国古代办学经费的恒定渠道. 教育与经济,2006(4).

② 潘懋元. 潘懋元论高等教育:福建教育出版社,2000:338.

③ 宋秋蓉. 近代中国私立大学研究:天津人民出版社,2003:131—142.

3.国家的财政能力方面

在连续保持三十多年的高速经济增长后，我国当今的经济实力不再是改革开放初期的状况，尤其是20世纪90年代中期以来，中国的财政收入一直保持着超GDP增速增长的格局。到2012年，全年公共财政收入117210亿元，是1991年的37.22倍，2012年年末国家外汇储备33116亿美元，是2001年的15.60倍。①

2009年11月14日，在南京一个论坛上，中国入世首席谈判代表龙永图曾说："政府不是穷得叮当响，是有钱的"。②

2012年11月28日，时任国务院副总理李克强在中南海紫光阁会见世界银行行长金墉时，明确指出，中国已进入中等收入国家行列。③

总之，中国今天已经是世界第二大经济体，深陷债务危机的欧美国家无不希望中国出手相救，国家拿出一部分钱加大资助社会企业化民办高校是可行的。④

(三)国家财政资助社会企业化民办高校的相关问题

对社会企业化民办高校的资助，涉及资助方式问题，是资助学生，还是资助学校？我们认为，可以借鉴美国的做法，直接资助学生，而不要直接资助学校，这一方面可以使资助更有针对性，另一方面也可促进高校之间的良性竞争。

对社会企业化民办高校大学生的资助至少应当做到以下方面：

第一，资助广度方面，应当扩大资助面。截止到2013年，民办高校的受助面只限于统招生，而自考生无法享受，并且统招生的受助面也很小，从A省CS学院来看，仅大约13%的学生受益。应当把社会企业化民办高校大学生的受助面至少提高到80%才比较合适，并且要惠及到自考生(关于自考生，笔者建议全部转为统招生⑤)。

第二，资助力度方面，可以借鉴美国的做法，结合家庭收入状况进

① 资料来源：《中华人民共和国2011年国民经济和社会发展统计公报》。

② 龙永图：2/3房子由政府供应房价才能降下来.扬子晚报.2009-11-15.

③ 熊争艳.李克强会见世界银行行长金墉.新华网.2012-11-29.

④ 查明辉，张水华.国家财政资助民办高校的政策选择.开放导报，2008(5).

⑤ 查明辉，张水华.论民办高校内统招取代自考.湖北社会科学，2010(5).

行资助。国家应按学生家庭收入的低、中、高制定资助标准。对于低收入家庭的学生资助力度就要大，对于高收入家庭的学生资助力度就要小，并且由于中国的财富大多数集中在国家手中，普通百姓财富比较少，并且很不均衡，所以，国家对民办高校大学生的资助力度不宜太小，对低收入家庭的学生，各级政府的资助比在 50%以上比较好。如果按 2012 年民办高校在校生 254.78 万人计算，以资助面 80%、人均 4000 元标准资助，总共 81.53 亿元，数额并不大，不会给政府增加太大的财政压力，尤其是人力资本理论早就告诉我们，教育具有投资性，与政府花巨资修建“铁公基”几乎等效，而且具有较大的社会效应。

第三，关于资助社会企业化民办高校大学生的各方责任分担问题。我国财政部、教育部 2007 年 6 月发布的《普通本科高校、高等职业学校国家励志奖学金管理暂行办法》和《普通本科高校、高等职业学校国家助学金管理暂行办法》[①]规定，国家奖学金、国家助学金由中央和地方政府共同出资设立。我们认为，资助社会企业化民办高校大学生的主要责任应当落在中央政府、省政府和民办高校。

根据财权与事权相匹配的原则，资助社会企业化民办高校大学生的主要责任应当落在中央财政与省级政府身上。从 2000 到 2011 年，中央财政决算收入占国家决算收入的比重大都在 50%以上，平均为 52.91%，但中央财政决算支出占国家决算支出的比例平均仅为 25.16%，2011 年仅为 15.1%。[②] 所以，中央财政对社会企业化民办高校大学生的资助至少应当占资助总额的 50%。省级财政虽作为一级地方财政，承担的事权比较多，但实际上，省级财政在国家转移支付中，受益较多，并且存在大量预算外收入，所以省级财政承担 40%左右为宜。省级财政以下，如县级财政，因自分税制以来，县乡财政困难，债务负担沉重，再者省以下财政体制尚未真正进入分税制轨道，[③]所以，省

① 《普通本科高校、高等职业学校国家励志奖学金管理暂行办法，普通本科高校、高等职业学校国家助学金管理暂行办法》，教育部网站：http://www.moe.gov.cn。

② 资料来源：中经网—中国经济统计数据库。

③ 贾康. 分税制改革需要继续深化. 中国改革，2006(2).

级以下财政不宜分担。

至于社会企业化民办高校，也应当承担一定的责任。因为民办高校大学生受益即是民办高校自身间接受益，因此民办高校承担10%左右应当是可以接受的。政府资助社会企业化民办高校大学生，生源进一步拓展，社会企业化民办高校的总体收入只会增加，不会减少。社会企业化民办高校承担一定责任，另一个重要意义还在于能最大限度地减少可能的福利滥用。

三、加强政府对民办高校的监管

对民办高等教育的发展，国家应当鼓励，但由于民办高等教育不是由政府直接举办，因而，政府必须负责对民办高校进行监管。无论是社会企业化民办高校，还是营利性民办高校，政府都必须进行直接监管或间接监管。

长期以来，国家一直提倡要对民办高校加强监管，近几年来某些方面的监管也在逐步加强，尤其是2007年开始实施的《民办高等学校办学管理若干规定》，出台了针对民办高校的两项重要的监管制度，即民办高校督导制度和民办高校年度检查制度。[①] 但是，加强对民办高校的监管，到底监管什么？谁来监管？如何监管？应当要解决好这些问题。加强对民办高校的监管可从以下方面着手：

（一）确立政府对民办高校监管的内容及标准

加强政府对民办高校的监管，首先必须确立政府对民办高校监管的内容及标准，这是前提条件和主要内容。确立政府对民办高校监管一般而言应当坚持以下原则：

一是有限监管原则。政府对民办高校并非什么都要监管，而应当是有限度的，即凡是市场可以解决的无须监管，凡是市场无法解决或解决不好的政府都应当监管。中国古代书院兴衰史已经提供了一些有益借鉴。中国古代的私立大学——书院，从唐宋五代至清末存在了一千多年，它后来的衰落主要在于朝廷的监管越来越全面，介入了书院内部

① 《民办高等学校办学管理若干规定》，教育部网站：http://www.edu.cn。

事务，“书院官学化”，包括“将山长任命为学官”[①]，到清末，书院主持人的经费、教学内容、教学人员、生徒等都须经官府审批，书院完全丧失了独立性与自主权[②]，也就逐渐衰落了。

二是以提高受教育者的教育福利为出发点和落脚点。政府监管的最终目的，应当是为了提高民办高校大学生的教育福利，维护广大民办高校大学生及其家长的利益，绝不能为了民办高校的利益而侵害大学生及家长的利益。

三是法治原则。监管民办高校要依法进行，不能让监管部门任意专断，没有法律允许的，监管部门不应当监管，应当充分尊重民办高校的办学自主权。

四是理论联系实际原则。由于中国民办高等教育是在特殊的国情中恢复发展起来的，所以监管必须充分考虑到中国特殊的国情，不能盲目照搬照抄。

根据上述这些原则，我们认为，政府对民办高校的监管内容主要应当集中在两个方面：一是教育教学质量国，二是财务。这两个方面应当是政府监管的核心内容。至于其他方面，比如是否要设立董事会、谁来任民办高校校长、是否应当派督导专员等问题政府无须监管，由民办高校自行解决，民办高校会遵循自身发展的需要而动，并且市场也会优胜劣汰。

确立了政府对民办高校监管主要在教育教学质量和财务方面的大方向，接下来便是要确立监管的标准，以衡量民办高校教育教学质量和财务方面哪些规范，哪些不规范。

关于民办高校教育教学质量方面的监管标准，可参照美国的做法，设立一条底线，凡达不到下限的民办高校要坚决取缔。具体而言，确立教育教学质量监管标准主要要注意以下方面问题：

一是教育教学质量标准不能定得过高。私立教育虽然在中国历史悠久，但是从改革开放民办高等教育恢复发展至今也不过三十余年的

① 张烨，刘煜．建立书院式的新型民办高校．现代大学教育，2001(3)．

② 毛礼锐．中国教育史简编：教育科学出版社，1984：77．

历史，再者长期缺乏政府资助，所以，教育教学质量的底线不能定得过高。民办高校"有总比无好"，对于中国这样一个发展中的人口大国来说更是如此。

二是教育教学质量要多元化，监管民办高校的标准应适当。目前中国民办高校主要是三年制、教学型的专科院校，生源素质欠佳，主要是培养次级劳动市场需要的"普通劳动者"，因而教育教学质量的监管标准应当适应这类高校，照搬照抄其他标准，害处非常大。笔者也赞同对民办高校应有一套独特的评估指标体系。①

三是教育教学质量标准不能全部"公办化"，要充分考虑民办高校的特殊性。中国民办高校因中断了近三十年，恢复发展起来后，政府很自然参照公办高校监管民办高校。但是，如果让民办高校失去自身的特色，都"公办化"了，民办高等教育很难发挥其补充功能，不利于中国高等教育的发展。

四是教育教学质量标准应当充分尊重各方面的意见，应当涵盖各方面的内容，避免"一言堂"。由于中国民办高等教育的特殊性与复杂性，设立教育教学质量标准至少应当听取包括民办高校举办者、教育专家、民办高校教职工、学生及家长、用人单位等方面的意见。

关于民办高校财务的监管，既要监管营利性民办高校，也要监管非营利性民办高校。监管营利性民办高校，主要是监管其按国家税收政策纳税的情况，审查是否有偷税漏税现象，其他方面无须多管，因为达不到最低的教育教学质量就会面临取缔办学资格，民办高校自然会考虑资金如何使用。监管非营利性民办高校的财务，主要是看其是否存在分配赢利的现象，如果存在，则对责任人依法惩罚。

(二)政府对民办高校监管的机构及方式

加强政府对民办高校的监管，具体由什么机构来负责呢？机构的设置应当因事而设，一味强调精简机构很可能造成有事无人负责的现象。根据政府对民办高校监管主要是在教育教学质量和财务方面，所以监管机构应当是这两个方面的专业组织及人员，其他方面的监管组

① 孙志鸿．民办高校评估新视角．民办教育研究，2007(6)．

织就没有必要。

关于民办高校的财务监管，只要由现行的税务机关及审计机关等机构承担起来就可以了，无须再另设机构。审计机关也应当发挥在民办高校财务监管中的作用，可以审查民办高校是否按规定设置了专门财务机构、配备了专职财会人员，是否按照《高等学校财务制度》的规定设置会计账簿以及进行会计核算、会计监督和财务财产管理；审查非营利性民办高校各类人员的工资福利开支占经常办学费用比例，是否存在把非营利性民办高校的资产转化为员工福利的现象[①]等等。

关于对民办高校的教育教学质量监管的实施有两种方式：

一种方式是由政府设立专门的专业机构来进行直接监管，机构人员都必须是熟悉民办高等教育的专业人员。鉴于既要考虑对民办高校教育教学质量监管有人负责，又要考虑降低监管成本，机构人员配备方面可以由全职与兼职人员共同组成，尽量用兼职人员，减少政府行政成本。

另一种方式是由对民办高等教育评估的社会中介组织来进行监管。不过，政府同样必须加强对这些中介组织的监管，以保障这些组织的“非营利性”和“中立性”，否则难以达到政府监管的目的。在现实中，有的民办高校宣称“通过 ISO9001－2000 国际标准质量管理体系认证”，或者宣称其名列某民办高校排行榜前多少多少位，事实往往并非如此，缺乏政府监管的这些中介机构的公信力也是值得质疑的。

（三）政府监管过程透明化

确定了监管的内容、标准和监管机构，接下来一个关键的环节便是政府监管过程透明化。近些年教育行政部门对民办高校的评估做了大量的工作，但往往只公布一个最终结果，这样效果并不理想。监管过程透明化主要是为了充分保证监管目的的实现，维护民办高校大学生及家长、教职工的权益，否则，监管在“黑箱”中操作，无法接受社会监督，就容易出现钱权交易以及侵害学生与教职工权益等问题。

---

① 甘国华，周媛娇，黄赣华．论民办高校财产及财务收支的审计监督．江西审计与财务，1999(4).

政府监管过程的透明化包括：一是监管的内容及标准的透明，不仅要让监管人员清楚监管的内容及标准，整个社会都应当清楚；二是监管的机构及人员的透明；三是监管的详细结果透明，利于整个社会监督；四是监管的问责制度透明。这样基本可保证政府监管目的的实现，而不至于成为“走过场”。

第四节　民办高校社会企业家努力促进组织平衡

民办高等教育社会企业化发展模式的运行，最关键、最现实、最积极的因素还是在于民办高校社会企业家充分发挥积极主动性，努力促进民办高校组织平衡。

一、民办高校社会企业家努力提高自身素质

对于民办高校社会企业家而言，在高等教育领域的激烈竞争中，要实现民办高校的可持续发展，首要的是提高自身素质。

第一，以办学为使命。

民办高校社会企业家首先必须以办学为使命，把民办高等教育作为一项事业来追求，才有可能办好学。民办高校社会企业家也只有以办学为使命，才有可能得到各方面的真正支持，民办高校教职工齐心协力才有可能办出水平，办出特色。实际上，在市场信息充分对称、国家严格监管的情况下，即使是营利性民办高校举办者，要想在激烈的竞争中通过办学营利，也只有提高办学质量一条路可走。

第二，虚心听取意见。

即使民办高校社会企业家聪明绝顶，但是个人智力水平毕竟有限，因而虚心听取意见对于科学决策非常重要。举办者刚愎自用、一意孤行，对于民办高校的长远发展极为不利，尤其是在作出重大决策时。为此，社会企业化民办高校应当推行董事会制度，一方面可保证民办高校的各项工作正常化，减少出现重大决策失误，另一方面可充分发挥董事筹集资金的作用。

第三，熟悉企业经营方式。

与公办高校不同，民办高校截止到2013年没有国家固定的财政拨款，靠民办高校自筹办学经费。因而，民办高校社会企业家必须熟悉企业化经营方式，懂得在国家财政之外寻求资源。

从笔者在A省的调查来看，该省改革开放以来所有民办高校的举办者中，不乏高学历者、高职称者以及高行政职位者，但截止到2013年，真正办得较好的15所民办高校中，11所民办高校举办者具有办企业的背景，也就是说举办者具备了熟悉企业经营的素质。其他民办高校中，举办者不具备这种素质的，要么倒闭，要么正处于倒闭的边缘。这与有人对陕西民办高校举办者的研究是相同的。陕西一些民办高校创办者都有办企业的经历，或者办学前曾经经营过企业，或者在办学的同时还经营着企业。[①] 一些具有企业经验的举办者办学成功并非偶然。

因此，尽管民办高校社会企业家不能把民办高校当作企业来办，以寻求利润最大化，但是他必须具备熟悉企业经营方式的素质，能够吸取市场化发展模式的某些经验。

二、加强学校硬件建设

民办高校社会企业家除了要提高自身素质，最主要的还是要在服务市场、服务社会上下功夫，向市场、向社会提供一定质量的服务。民办高校向市场提供服务的前提是加强硬件建设和软件建设，这也是维持民办高校组织平衡的需要。社会企业化民办高校的硬件和软件决定了它所能承担的功能。

硬件建设是社会企业化民办高校提供服务的前提。大学扩招以来，无论公办高校，还是民办高校都扩建新校园。其实，并非都是盲目扩建，尤其是民办高校，建立新校园更是发展的前提，没有一个漂亮的新校园，很难吸引生源。民办高校主要生源来自中西部地区、来自农

① 郭建如.民办高等教育的市场化与民办高校的组织管理特征——以陕西民办高等教育为例.高等教育研究，2003(4).

村、来自落后地区，这些地方的学生有着强烈的向上社会流动的意愿，希望享受城市的文明，过上现代都市生活，如果民办高校的硬件建设不能吸引他们，很难使他们选择民办高校。另一方面，大多数学生及家长选择民办高校首先关注学校的硬件建设，相对忽视学校的师资、教学及管理等软件建设方面，毕竟软件建设的优劣也不是仅仅来参观几天就能看得出来的。

当然，硬件建设虽然是前提，但并非决定性因素，一些拥有一流硬件的民办高校每年都有许多学生退学即是明证，软件建设才是民办高校可持续发展的核心，应当是民办高校社会企业家需要关注的重点。

三、加强学校软件建设

社会企业化民办高校需要着重加强的软件建设主要在三个方面：

（一）教职工队伍建设及激励机制

教职工是民办高校向学生提供服务的主力，社会企业化民办高校的软件建设主要是教职工方面的建设。民办高校社会企业家必须高度重视教职工队伍建设及激励制度。能够留得住一批数量、素质、结构都比较适当的专兼职教职工，这应当是教职工队伍建设及激励制度的主要目标。高效率的教职工队伍是使社会企业化民办高校在激烈的市场竞争中能立于不败之地的关键。

首先，民办高校社会企业家要聘用几位热心于民办高等教育事业、懂得教育教学规律、懂管理，而又熟悉国家教育政策、理解民办高校现实的且为人正直的高层领导。即使民办高校社会企业家本人不懂教育教学规律，只要能虚心听取正确意见也能做到科学决策。民办高校社会企业家对这些人员，物质激励不是最主要的，尊重他们及虚心听取他们正确的意见是更为重要的激励机制。

其次，民办高校社会企业家要高度重视师资队伍建设。截止到2013年，多数民办高校举办者最重视的是教职工队伍中的招生队伍建设，而并不太重视教师队伍建设。每年民办高校都让招生业绩好的毕业生留校，让他们担任班主任等行政工作，这主要是因为招生是民办高校的生命线，招不到学生，没有财源，民办高校就面临倒闭。但是，这一批招生员大都不能担任教学工作。举办者之所以不太重视教师队伍建设,一个重要因素是教师,尤其是具有硕士及以上学位的教师不会招生也不愿意招生,同时教师不愿意当班主任。然而,民办高校的教学工作又需要这些教师,各高校大都在加强师资建设,且是教育评估的重要内容。民办高校举办者也处于两难之中,两类人都聘请又面临办学成本问题。从长远来看,民办高校社会企业家主要还是应当从外面聘请一些学历比较高的硕士毕业生、博士毕业生,而不应当主要靠善于招生的大专生来实现社会企业化民办高校的可持续发展,关键应当是解决教师的激励机制问题。一般来说,只要民办高校社会企业家采取适当的诱因组合,是能够做到让教师在教学之余担任班主任及招生工作的。

(二)以服务学生为中心

社会企业化民办高校的所有工作都要以服务学生为中心。有的民办高校以"一切为了学生,为了一切学生,为了学生一切"作为学校宗旨,这个口号非常贴切,可以说,所有高等学校都应当以此为宗旨。

目前,高校都提出要把提高教学质量作为中心。由于民办高校生源素质欠佳,因而仅仅把提高教学质量作为中心在当前并非社会企业化民办高校的最佳选择,应当以服务学生为中心,致力于服务所有学生的学习、生活和就业,但以服务学生为中心并非可忽略提高教学质量,而是应内在地包含提高教学质量。

学校和学生及家长的关系可以描述为提供服务与消费服务的关系。[①] 社会企业化民办高校的工作内容即是向学生提供服务。

1.民办高校服务的涵义

国际标准化组织(ISO)对"服务"的定义比较权威,即"为满足顾客的需要,供方与顾客接触的活动和供方内部活动所产生的结果。"[②]

民办高校的服务就是为满足民办高校大学生的需要,民办高校教职工与学生接触的活动和民办高校教职工活动产生的结果。

① 胡孔月,王卫东.以服务为核心构建学校教育活动体系.教育探索,2003(9).

② 朱立恩.论服务的定义.商场现代化.1996(5).

2.民办高校服务的内容

民办高校的服务内容主要包括四个方面：

一是服务于学生学习。民办高校学生学习基础普遍比较差，因而社会企业化民办高校一方面要补充他们中学阶段的教育，一方面要教授专科阶段的教育内容，并且要探索适合社会企业化民办高校大学生的学习内容。截止到2013年，学生学习的内容太难、太多、实用性较差，依然是民办高校学生学习面临的问题。所以，除了理论方面的学习之外，民办高校尤其特别要重视学生的实践课学习，以实习实训课促进理论课的学习，这是学生非常感兴趣的，也与就业密切联系。

二是服务于学生生活。美国教育家杜威指出，“教育即生活”。民办高校大学生生活远比学习内容更为丰富，包括吃饭、穿衣、住宿、交友、娱乐、体育运动、上网、勤工俭学、社团活动、校外兼职等等。这些也是作为普通青年的大学生非常关心的问题，甚至比学习更为关心。民办高校对这些方面的重视程度不应当亚于教学活动，这些方面虽然复杂，但比提高学生的学习成绩还是更为现实、更为容易解决。一些高中生选择高校对这些方面是非常关心的，每年民办高校都有一些学生退学，其原因往往是因为学校在这些方面做得不好。

三是服务于学生就业。由于民办高校大学生多数来自农村，来自中下阶层，他们及其家长对就业是最为关心的。民办高校服务学生就应当把服务于学生的就业放在突出位置，除了其他方面的教育内容外，课程设置、实习实训都要围绕就业，要为学生提供就业信息，还要做好毕业生就业的推荐工作，提高学生的就业能力，尤其还要注重逐步提高毕业生的就业质量。

四是降低学生上学成本。社会企业化民办高校应当尽量考虑降低大学生的上学成本，一方面要考虑增加学校除学杂费之外的收入，一方面要考虑减少必要支出之外的开支，提高办学效益。

此外，民办高校以服务学生为中心，除了要坚持高校工作的一般原则，还可吸收专业社会工作的方法及价值理念，也可设置社会工作岗位。社会工作是以利他主义为指导，以科学的知识为基础，运用科学的方法进行的助人服务活动。[①] 社会工作通常采用个案工作、小组工作、社区工作[②]等工作方法，它具有助人、救难、解困、发展的功能[③]，对服务学生非常有帮助。

（三）争取外在社会资源

社会企业化民办高校争取外在资源可以从以下方面入手：

1.努力争取外在人力资源方面的支持

社会企业化民办高校争取人力资源方面的支持，包括争取退休人员和在职人员到社会企业化民办高校工作。

(1)争取一些愿意发挥余热的公办高校退休教授到民办高校从事专职或兼职工作。截止到2013年，民办高校的教授基本都是来源于此，节约了民办高校的办学成本。有的民办高校甚至在这些教授还没有退休时，就开始到公办高校联系。这很值得社会企业化民办高校借鉴。

(2)争取公司、企业优秀退休人员到民办高校工作。公司企业的一些退休人员非常熟悉社会，具有丰富的实践经验，对于民办高校大学生的就业创业非常有帮助。

(3)争取在职人员到民办高校兼职。当今社会，在职人员兼职已是一种普遍现象。社会企业化民办高校应当充分利用这些资源，争取一些优秀在职人员到民办高校兼职或者讲座。这些优秀在职人员密切联系社会，对于民办高校大学生理论知识和实践经验的传授非常有帮助，并可以使民办高校节省一些成本。

2.多方面筹集社会企业化民办高校的办学经费

办学经费是民办高校有机体运行的血液，社会企业化民办高校必须多方面筹集办学经费，以降低学生的入学成本。一是谋求政府资助。政府作为最大的资源拥有者，社会企业化作为非营利组织，应当首先考

① 王思斌.社会工作概论:高等教育出版社,2004:13.

② 许莉娅.个案工作,第2版:高等教育出版社,2013;刘梦.小组工作,第2版:高等教育出版社,2013;徐永祥.社区工作:高等教育出版社,2011.

③ 王思斌.社会工作概论:高等教育出版社,2004:25－26.

虑谋求政府资助。二是谋求社会捐赠。社会企业化民办高校作为非营利组织,不牟社会企业家个人的利益,并且办学主要是面向中国的弱势群体——农家子弟,它应当积极寻求外界个人或组织的捐赠,可以用董事、名誉职位或通过新闻媒体宣传来回报捐赠者。目前有爱心的、想做捐赠事业的人或组织越来越多,很多时候只是没有相应的渠道。三是社会企业化民办高校自身创收。大量的学生聚集在一起本身就是一个巨大的消费群体,社会企业化民办高校可针对这些群体提供相应服务,如食宿、日用品销售、娱乐等等,即可以获得一些收入弥补学校开支,并且可以提供给学生勤工俭学的机会。四是服务社会。目前一些地方政府都比较重视对农民工的培训工作。社会企业化民办高校可以积极参与其中,以获取一些办学经费。实际上,目前一些地方政府直接参与农民工教育培训,效果并不是很好,有的地方,如广东怀集县、东莞、江苏南京等地,因培训内容没有什么用处,导致尽管政府积极,但农民工消极的现象[①];有的地方以农民工培训为名,骗取国家资金,如自 2008 年以来,贵州省共查处农民工培训系列案件 150 余起,涉案官员下至乡镇,上至省级部门达 170 余人[②]。如果社会企业化民办高校承担一部分培训任务,政府处于监管的位置,效果可能会更好些。

3. 争取其他组织的支持,主要是争取一些中小企业在实习实训和就业方面的支持。中小企业与民办高校有很多相似处,民办高校应当加强这方面的联系。中小企业可在实习实训方面提供支持,同时有利于民办高校毕业生的就业。目前有的民办高校与企业"联姻",实施"定单式"培养模式,效果比较好,免去了一些企业人才缺乏的困境,也祛除了一些学生对就业的担心。

4. 民办高校积极参加公益活动。民办高校参加一些社会公益活动,一方面可以培养学生的各种能力,有利于教育目标的实现,另一方

① 曹攀峰. 农民工培训消极,大学生被拉顶替. 南方农村报,2009-02-12;刘颖,端木. 民工免费培训班,只引来一个人. 南京晨报,2009-03-31;农民工培训为何遇冷?. 人民政协报,2009-07-01.

② 吴红缨. 农民工培训补贴成部分官员敛财之源,08 年来贵州 170 人涉案. 21 世纪经济报道,2009-04-28.

面也能提高学校的知名度，获得社会的支持，增加社会资本。

5.做好校友工作。民办高校的校友是民办高校一笔潜在的宝贵财富。美国一些优秀私立高校的校友是私立高校重要的支持力量。虽然民办高校毕业生大都在次级劳动力市场就业，但也有一些通过多年努力脱颖而出的，随着毕业生的增多，将来会有更多的优秀校友。社会企业化民办高校不应当忽视这方面的支持。

总之，民办高校社会企业家应积极发挥主观能动性，提高自身素质，加强民办高校的硬件和软件建设，努力实现社会企业化民办高校的组织内平衡与外平衡。

主要参考文献

专著

[1]陈学飞.美国高等教育发展史:四川大学出版社,1989.

[2]单中惠.外国大学教育问题史:山东教育出版社,2006.

[3]邓小平.邓小平文选,第2卷:人民出版社,1994.

[4]邓小平.邓小平文选,第3卷:人民出版社,1993.

[5]风笑天.现代社会调查方法,第4版:华中科技大学出版社,2005.

[6]高书国,杨晓明.中国人口文化素质报告:社会科学文献出版社,2004.

[7]顾宝炎.美国大学管理:武汉大学出版社,1989.

[8]国家教委政策法规司.中华人民共和国教育法规实用要览:广东教育出版社,1996.

[9]国科学院可持续发展战略研究组.2006中国可持续发展战略报告:科学出版社,2006.

[10]国务院研究室课题组.中国农民工调研报告:中国言实出版社,2006.

[11]和震.美国大学自治制度的形成与发展:北京师范大学出版社,2008.

[12]侯钧生.西方社会学理论教程:南开大学出版社,2001.

[13]贾康,刘尚希.公共财政与公共危机:中国财政经济出版社,2004.

[14]蒋文良.现行教育法规辑要:中国商业出版社,1995.

[15]金耀基.从传统到现代:时报文化出版企业股份有限公司,1990.

[16]金忠明,李若驰,王冠.中国民办教育史:中国社会科学出版社,2003.

[17]林天卫,吴华钿.教育法规读本:广东高等教育出版社,2005.

[18]刘梦主.小组工作,第2版:高等教育出版社,2013.

[19]刘祖云.中国社会发展三论:转型·分化·和谐:社会科学文献出版社,2007.

[20]毛礼锐.中国教育史简编:教育科学出版社,1984.

[21]倪翌风.《邓小平文选》第2卷注释本:中共中央党校出版社,1994.

[22]潘懋元.潘懋元论高等教育:福建教育出版社,2000.

[23]邵金荣.中国民办教育的多元化与法制化:高等教育出版社,2001.

[24]宋秋蓉.近代中国私立大学研究:天津人民出版社,2003.

[25]滕大春.美国教育史:人民出版社,1994.

[26]童星.社会转型与社会保障:中国劳动保障出版社,2007.

[27]王处辉.转型中高等教育的反思与构建:合肥工业大学出版社,2003.

[28]王建成.美国高等教育认证制度研究:教育科学出版社,2007.

[29]王绍光.多元与统一:第三部门国际比较研究:浙江人民出版社,1999.

[30]王思斌.社会工作概论:高等教育出版社,2004.

[31]王思斌.中国社会工作研究,第2辑:社会科学文献出版社,2004.

[32]王廷芳.美国高等教育史:福建教育出版社,1995.

[33]王伟.美国营利性教育机构制度环境分析:陕西人民出版社,2005.

[34]吴向明.美国高等院校招生制度研究:中国社会科学出版

社,2008.

[35]谢安邦,曲艺.外国私立教育:中国社会科学出版社,2003.

[36]忻福良.各国高等教育立法:上海交通大学出版社,1992.

[37]许莉娅.个案工作,第2版:高等教育出版社,2013.

[38]徐永祥.社区工作:高等教育出版社,2011.

[39]薛涌.精英的阶梯:美国教育考查:新星出版社,2006.

[40]薛天祥.高等教育学:广西师范大学出版社,2001.

[41]杨汉清,韩骅.比较高等教育概论:人民教育出版社,1997.

[42]姚云.美国高等教育法治研究:山西教育出版社,2004.

[43]张维平,马立武.美国教育法研究:中国法制出版社,2004.

[44]中央教育科学研究所.中华人民共和国教育大事记1949～1982:教育科学出版社,1983.

[45]周晓虹.中国中产阶级调查:社会科学文献出版社,2005.

[46]邹治平,刘艳红.社会系统理论的创始人——切斯特·巴纳德:河北大学出版社,2005.

[47][美]吉尔伯特·C.菲特,吉姆·E.里斯.美国经济史.司徒淳,方秉铸,译:辽宁人民出版社,1981.

[48][美]鲍尔森.高等教育财政:理论、研究、政策与实践.孙志军,等,译:北京师范大学出版社,2008.

[49][美]德里克·博克.美国高等教育.乔佳义,译:北京师范大学出版社,1991.

[50]弗雷德·赫钦格,格雷丝·赫钦格.美国教育的演进.汤新楣,译:美国驻华大使文化处,1984.

[51][美]德里克·博克.走出象牙塔.徐小洲,陈军,译:浙江教育出版社社会,2001.

[52][美]多纳德·E.海伦.大学的门槛:美国低收入家庭子女的高等教育机会问题研究.安雪慧,周玲,译:北京师范大学出版社,2008.

[53][美]菲利普·G.阿特巴赫,罗伯特·O.波达尔,帕崔凯·J.甘波特.21世纪的美国高等教育:社会、政治、经济的挑战.施晓光,蒋凯,译.第2版:中国海洋大学出版社,2007.

[54][美]菲利普·G.阿特巴赫,帕特丽夏·J.冈普奥特,D.布鲁斯·约翰斯通.为美国高等教育辩护.别敦荣,陈艺波,译:中国海洋大学出版社,2007.

[55][美]弗兰克·H.T.罗德斯.创造未来:美国大学的作用.王晓阳,蓝劲松,等,译:清华大学出版社,2007.

[56][美]弗雷德里克·E.博德斯顿.管理今日大学.王春春,赵炬明,译:广西师范大学出版社,2006.

[57][美]格雷戈里·迪斯,杰得·埃默森,彼得·伊科偌米.企业型非营利组织.颜德治,等,译:北京大学出版社,2008.

[58][美]加尔文·D.林顿.美国两百年大事记.谢延光,译:上海译文出版社,1984.

[59][美]詹姆斯·杜德斯达,弗瑞斯·沃马克.美国公立大学的未来.刘济良,译:北京大学出版社,2006.

[60][英]安迪·格林.教育与国家形成:英、法、美教育体系起源之比较.王春华,等,译:教育科学出版社,2004.

[61][美]巴纳德.经理人员的职能.孙耀君,等,译:中国社会科学出版社,1997.

论文

[1]卞涛,周成礼,岳爱东.英国社会企业的发展经验及其对我国的启示.未来与发展,2009(9).

[2]曹勇安,王明儒,宋庆永.民办高校产权制度改革的实践与思考.浙江树人大学学报,2006(6).

[3]曹勇安.民办高校产权制度改革的实践与思考.教育发展研究,2006(9).

[4]陈欣,黄旻露.社会企业,能否成为中国社区和谐发展的"新能源".社区,2008(12).

[5]当代中国社会结构变迁研究课题组.2000～2005年:我国职业结构和社会阶层结构变迁.统计研究,2008(2).

[6]丁晨,余要文.解决"上学难上学贵"问题的对策建议.中国价格

监督检查,2007(9).

[7]甘国华,周媛娇,黄赣华.论民办高校财产及财务收支的审计监督.江西审计与财务,1999(4).

[8]甘永涛.美国营利性大学发展及其治理结构特征.教育发展研究,2007(12).

[9]高兴佑,刘汝文.解决上学难、就业难的思考.中国物价,2007(10).

[10]耿海军.政府过度占有社会财富是个危险信号.今日时政,2009(4).

[11]关信平.全球经济竞争与社会政策发展.江苏社会科学,2002(3).

[12]关信平.社会政策行动中的市场机制和福利机制.中国社会导刊,2008(16).

[13]关信平.当前中国经济发展方式转型中的社会政策议题.探索与争鸣,2009(4).

[14]洪大用.关于加快社会事业发展若干问题的思考.教学与研究,2006(12).

[15]胡正强,王丽恩.高等教育的本质论析.辽宁高等教育研究,1995(3).

[16]纪宝成.认清"教育产业化"的理论误导与实践危害.中国高等教育,2006(9).

[17]贾康.分税制改革需要继续深化.中国改革,2006(2).

[18]蒋国河.当前我国高等教育入学机会的城乡差异——基于对江西、天津高校的实证调查分析.现代大学教育,2007(6).

[19]景天魁.论"底线公平".党政干部文摘,2006(7).

[20]雷克啸.陕西民办高等教育考察报告.广东工业大学学报:社会科学版,2003(2).

[21]李彬.西方国家公共服务市场化的实践及其评价.管理世界,2002(4).

[22]李虹.论非营利组织社会公信力的建设.上海交通大学学报:哲学社会科学版,2003(11).

[23]李路路.社会转型与社会分层:理论与问题.江苏社会科学,2002(2).

[24]李培林,田丰.中国劳动力市场人力资本对经济社会经济地位的影响.社会,2010(1).

[25]李强.社会分层与社会空间领域的公平、公正.中国人民大学学报,2012(1).

[26]李友梅.改善民生与“以人为本”的境界变化.社会,2008(3).

[27]李迎生.加快慈善公益事业发展与构建和谐社会.中州学刊,2006(4).

[28]林存友.资源环境约束与中国经济增长方式转变.生态经济,2008(11).

[29]林放.小政府,大社会的设计者.南国风,1988(9).

[30]林可丹.世纪之交的昙花一现——1993～2007 我国高等教育学历文凭考试的兴起与衰亡.高教论坛,2008(1).

[31]林译丛.教育决策与教育研究初探——反思高校扩招政策的出台.当代教育论坛,2007(3).

[32]刘国光.回顾改革开放30年:计划与市场关系的变革.财贸经济,2008(1).

[33]刘勤果,孙大峰,张蔚文.民办高校融资难及其应对措施.财会研究,2005(6).

[34]刘小强.加州1960年高等教育总体规划:一个高等教育规划的成功范例.民办教育研究,2006(2).

[35]卢彩晨,李士伟.中国民办高校倒闭的背后.教育与职业,2007(7).

[36]卢现祥.中国的家庭产权安排、家族式管理与资本积累.世界经济,2003(1).

[37]马万华.功能分层:美国加州高等教育的总体规划的借鉴.中国高等教育,2008(2).

[38]穆罕默德·尤努斯.创造没有贫穷的世界:小额信贷与社会企业.农村金融研究,2009(11).

[39]潘懋元.民办高等教育持续发展问题.浙江树人大学学报,

2006(4).

[40]任玉岭.行政成本之高令人触目惊心.科学决策月刊,2006(4).

[41]时立荣.从非正规就业组织到社会企业.理论学刊,2005(9).

[42]宋国良.藏富于民与可持续发展.中国金融,2008(8).

[43]宋林飞.优化社会结构是构建和谐社会的基础.社会学研究,2007(2).

[44]宋敏.西方国家公共服务市场化改革的成效及启示.经济纵横,2007(4).

[45]孙立平."中等收入陷阱"还是"转型陷阱".开放时代,2012(3).

[46]田素华.对外贸易保护与美国经济崛起:1783～1933.世界经济与政治论坛,2005(5).

[47]田毅鹏.转型期中国城市社会管理之痛.探索与争鸣,2012(12).

[48]童大林.教育是第一位战略产业.上海高教研究,1987(2).

[49]王定华.美国的营利性高等教育.世界教育信息,2003(1)(2).

[50]文军.民生乃社会建设之本.探索与争鸣,2010(1).

[51]魏葳.中国:财富向富人集中速度最快的国家.金融经济,2008(5).

[52]吴福光,张仕华.美国私立大学发展的历史进程、贡献及启示.高等教育,2000(5).

[53]夏建中.健全廉租房制度的关键:强化政府公共服务职责.教学与研究,2008(1).

[54]徐剑明.对外开放与国内财富分配不均间的传导机制研究.国际贸易问题,2006(8).

[55]徐魁鸿.古代书院的经费筹措对当代民办高校的启示.成人教育,2005(2).

[56]闫广芬,苌庆辉.高校扩招的政策过程分析.高校教育管理,2008(3).

[57]闫伟.构建和完善分配制度体系建设社会主义新农村.地方财政研究,2006(6).

[58]喻本伐.学田制:中国古代办学经费的恒定渠道.教育与经济,

2006(4).

[59]查明辉,张水华.国家财政资助民办高校的政策选择.开放导报,2008(5).

[60]查明辉,张水华.论民办高校内统招取代自考.湖北社会科学,2010(5).

[61]查明辉.论民办高等教育市场化发展模式的特征.黑龙江高教研究,2011(2).

[62]查明辉.民办高校“三驾马车”领导管理体制.现代教育管理,2012(4).

[63]查明辉.民办高等教育发展模式转型的必要性:市场化到社会企业化.湖北社会科学,2014(1).

[64]张炜.从“走向全球”大会看高等教育的国际竞争趋势.中国高等教育,2007(3).

[65]张向前,骆峤嵘,黄种杰.当前我国高等教育存在的主要问题及对策研究.内蒙古师大学报,2006(9).

[66]张烨,刘煜.建立书院式的新型民办高校——从书院的兴衰看我国民办高校的“生存空间”.现代大学教育,2001(3).

[67]郑秉治.试论服务质量的涵义.世界经济与政治,1995(11).

[68]郑杭生.中国社会大转型.中国软科学,1994(1).

[69]郑恒峰.西方国家公共服务市场化的反思与启示.湖北社会科学,2008(1).

[70]郑丽君.美国私立大学发展的社会条件分析.教育评论,2006(7).

[71]郑绍庆.城乡二元经济结构与财富的隐性转移.调研世界,2005(9).

[72]朱立恩.论服务的定义.商场现代化,1996(5).

[73]朱明,李攀,赵萌.社会企业:英国社会发展的第三动力.21世纪商业评论,2006(17).

[74]朱明.社会企业的四大发展理念.21世纪商业评论,2006(18).

[75]朱晓红.社会企业:北京市构建节能型社会的创新机制.华北电力大学学报:社会科学版,2009(2).

[76]朱新涛.新自由主义经济学的高等教育市场化观点评析.江苏高教,2004(3).

[77]驻纽约总领馆教育组.美国的营利性高等教育.中国高等教育,2003(19).

外文资料

[1] U.S. Department of Education, National Center for Education Statistics. http://nces.ed.gov/programs/digest.

[2]Bureau of the census. http://www.census.gov.

[3]Kim Alter. *Social Enterprise Typology*. *Virtue Ventures* LLC., 2007.资料来源:http:wiki.qut.edu.au.

后 记

2005年7月,本人进入一所民办高校教书,便开始特意利用独有的环境优势对民办高校进行实地研究。2007年9月进入南开大学读博时,学位论文也便选择了民办高等教育发展模式作为论题。本书就是在博士论文的基础上,对数年来进行的中国民办高等教育发展模式研究的一个总结。

追忆七年前,进入梦寐以求的南开大学,并且是在以新中国首位总理——周恩来同志命名的周恩来政府管理学院社会工作与社会政策系求学,一切依然历历在目。首先要感谢我的恩师关信平教授,三年的博士生生涯,关老师在学术上给予的事无巨细的周详指导难以一一列数,更记不清多少次关老师凌晨给我发邮件,希望我们学业有成,成为所在研究领域的专家。“谁言寸草心,报得三春晖”,关老师殷切的希望,恐怕需要我尽一生的努力去追求!尤其还要感谢关老师百忙之中抽出时间,为我的小书作序!同时,还要感谢读博期间南开的侯钧生教授、王处辉教授、乐国安教授、赵万里教授、闫广芬教授、李强教授、彭华民教授、郭大水教授,他们深厚的学术功底、崇高的人格魅力、无私的师道精神给了我无尽的熏陶。南开的教师永远是我学习的楷模。南开生涯令人难忘,尤其是其间与雍冀慧、周丽、许冰、邝小军、王屯、姜世健、赵方杜、钟俊亮、吴伟华、王金双、曹钶、韩振华、周垚等博士同窗的生活,更是我人生中无比温暖的“阳光”。

感谢答辩委员会王思斌教授、郑真真教授、谭琳教授、赵万里教授等对我的博士论文提出的许多宝贵意见和建议。

感谢江西省社科院王明美研究员、马雪松研究员、邓宏研究员、尹世洪研究员、汪玉奇研究员、傅修延教授、吴凯雷研究员等前辈给我的各种关心与支持。

A省民办高校的督导专员、校领导、教师、班主任、毕业生、在校生、学生家长、用人单位、教育主管部门工作人员等共计62位同志，接受了本人的访谈，无私提供了大量第一手珍贵材料，在此深表谢意。

感谢本人所在单位江西师大政法学院周利生书记、彭隆辉院长、原书记吴仁平教授等院领导、系主任胡宜副教授、副系主任周琴教授，以及许多其他同事给予我的各种支持与关照。

再有，感谢我的爱人张水华女士在我身后默默地奉献与支持，感谢我的父母、岳母等家人给我的大力支持，感谢读博期间降生的女儿理理，她给我及我们的家庭带来了无限欢乐。

最后，由于从事学术研究的时间尚短，水平有限，第一本书一定存在不少错误或不当之处，对此，恳请读者原谅。

查明辉

2014年6月于江西南昌青山湖畔

南开大学出版社网址：http://www.nkup.com.cn

投稿电话及邮箱： 022-23504636 QQ：1760493289
QQ：2046170045(对外合作)
邮购部： 022-23507092
发行部： 022-23508339 Fax：022-23508542